Das braune Köln

Ein Stadtführer
durch die Innenstadt
in der NS-Zeit

von Severin Roeseling

herausgegeben vom
NS-Dokumentationszentrum
der Stadt Köln

Emons Verlag

Herausgeber
NS-Dokumentationszentrum
der Stadt Köln

Gefördert von
Bezirksvertretung Innenstadt

Gestaltung
Hans Schlimbach, Köln

Lithographie
MEGALAB AG, Köln
Reprowerkstatt, Köln

Druck und Weiterverarbeitung
Fuldaer Verlagsanstalt GmbH, Fulda

Printed in Germany 1999

Die Deutsche Bibliothek –
CIP-Einheitsaufnahme
Roeseling, Severin:
Das braune Köln : ein Stadtführer :
die Innenstadt in der NS-Zeit /
Severin Roeseling. - Köln : Emons, 1999
ISBN 3-89705-141-9

Inhalt

Vorwort

Ein Stadtführer zur Geschichte Kölns bzw. der Kölner Innenstadt in der NS-Zeit – ist dies überhaupt möglich? Ist doch gerade die Innenstadt im Krieg besonders stark zerstört worden. Von dem geschichtlichen Köln blieb nur etwas mehr als eine Ruinenlandschaft. Hinzu kommt, daß die Nationalsozialisten in den zwölf Jahren ihrer Herrschaft an stadtbild-prägender Architektur wenig hinterlassen haben. Glücklicherweise! Denn ihre Planungen für ein gigantisches »Gauforum« hatte den Abriß von Deutz vorgesehen. Insofern führt die Spurensuche in die Geschichte Kölns – nicht allein in die NS-Zeit – häufig ins Nichts.

Und dennoch: Für viele – selbst für Köln-Kennerinnen und Kenner – wird es überraschend sein, in diesem Stadtführer zu erfahren, was doch noch erhalten geblieben ist und an wievielen Orten an die NS-Zeit erinnert werden kann. Beim Lesen des Buches und bei den Stadtwanderungen wird sich so manches Aha-Erlebnis einstellen. Der eine oder die andere wird vielleicht entdecken, daß sein oder ihr Wohnhaus eine besondere Geschichte hat – als Sitz der örtlichen SA oder einer NSDAP-Ortsgruppe, als ein »Ghettohaus«, in dem Juden zwangsweise zusammengefaßt wurden, oder als ehemalige Wohnung von deportierten Sinti und Roma. Man braucht den Schleier des Vergessens und Verdrängens nur zu lüften, um auf die Spuren der NS-Herrschaft in dieser Stadt zu stoßen.

Zum Konzept dieses Stadtführers gehört es daher, sich nicht auf die wenigen bekannten Orte von »Widerstand und Verfolgung« zu beschränken. An diese Orte wird häufig bereits in Form von Gedenktafeln erinnert, worin ein Stück Erinnerungskultur zum Vorschein kommt: auf Widerstandskämpfer und NS-Opfer wird gerne – häufig genug vereinnahmend – Bezug genommen, von Mitträgern, Mitgliedern und Tätern hingegen ist seltener die Rede. In diesem Stadtführer kommen beide Aspekte zu Wort – eben auch die NS-Organisationen mit ihren Dienststellen, die im Nationalsozialismus verstrickten staatlichen und städtischen Behörden, die Zwangsarbeiterlager, die »Ghettohäuser« für Juden u.v.m. Insgesamt werden über 250 Orte bzw. Adressen benannt, zu fast 100 von ihnen werden z.T. ausführliche Informationen geboten. Dieses umfangreiche Geflecht an Institutionen, Behörden, Plätzen usw. stellt eine topographische Widerspiegelung des Anspruches der NSDAP auf restlose Erfassung und Überwachung dar. Es ist das Bild vom »braunen Köln«, das entsteht, in dem Widerstand lediglich die Ausnahme war.

Es sind fünf verschiedene Touren zu diesen Orten zusammengestellt worden. Damit es noch Stadtwanderungen bleiben können, haben wir uns auf die Innenstadt beschränkt. Auf zentrale Orte des Gedenkens außerhalb der Innenstadt wie den Westfriedhof und den jüdischen Friedhof wird zumindest hingewiesen. Durch diesen Stadtführer erfährt die vertraute Umgebung eine andere Bedeutung. Die (Innen-) Stadt insgesamt kann als Denk-Mal erfahren werden. Darüber hinaus wird deutlich, wie sich im Lauf der Jahrzehnte die Auseinandersetzung mit der nationalsozialistischen Vergangenheit und die Formen des Gedenkens an sie gewandelt haben.

Daß dieses schwierige Projekt eines Stadtführers durch die Innenstadt zur NS-Zeit gelungen ist, ist in erster Linie das Verdienst von Severin Roeseling, der mit Sachverstand und Engagement den Text verfaßt und die Bilder zusammengetragen hat. Hans Schlimbach hat das Buch auf beeindrukkende Art gestaltet. Zu danken ist Hermann-Josef Emons, daß er diesen Stadtführer in seinem Verlag veröffentlicht hat. Ein ganz besonderer Dank gebührt den Bezirksvertreterinnen und Bezirksvertretern der Bezirksvertretung Innenstadt, die durch einen großzügigen Zuschuß den Anstoß zur Erarbeitung dieses Stadtführers gegeben haben.

Werner Jung
NS-Dokumentationszentrum
der Stadt Köln

Durch das Zentrum Kölns nördlich der Schildergasse

13. März 1933: Die Machtergreifung der NSDAP im Kölner Rathaus

Unser erster Weg durch das »braune« Köln beginnt am historischen **1** **Rathaus**. Hier schlägt das politische Herz der Stadt: Das Rathaus ist Sitz des demokratisch gewählten Stadtrats mit dem Oberbürgermeister und den Bürgermeistern an seiner Spitze, denen bis in die NS-Zeit zugleich auch die Verwaltung unterstand, die den politischen Willen des Rates ausführte. Die neue Gemeindeordnung für Nordrhein-Westfalen hat jetzt diese Zuordnung der Verwaltung unter die BürgermeisterInnen wieder eingeführt. Die beiden zentralen Säulen der Stadt, Rat und Verwaltung, wurden in der NS-Zeit schnell von den neuen Machthabern übernommen. Der Prozeß der Machtergreifung und der Gleichschaltung in Köln verlief für die Nationalsozialisten fast reibungslos und gelang innerhalb weniger Wochen nach der Ernennung Hitlers zum Reichskanzler am 30. Januar 1933.

Am 13. März 1933 besetzten die Nationalsozialisten in Köln das Rathaus, und Abordnungen der NSDAP-Gliederungen veranstalteten auf dem Rathausplatz eine triumphale Parade, der sehr viele Kölner zujubelten. Tags zuvor hatte die NSDAP die Kommunalwahlen gewonnen und war zur stärksten Partei in Köln geworden. Sie verfehlte allerdings mit 39,6 % der Stimmen deutlich die absolute Mehrheit und war daher eigentlich auf die Unterstützung durch andere Parteien angewiesen. Die NSDAP löste dieses Problem auf ihre Weise: Die Mandate der KPD wurden kurzerhand für ungültig erklärt und die meisten SPD-Stadtverordneten wurden verhaftet. Innerhalb weniger Tage hatten die Nationalsozialisten sich auf diese Weise die Mehrheit im Rat geraubt.

Fortsetzung S. 20

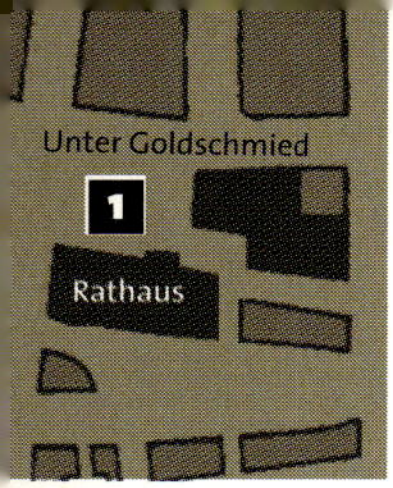

Wie die Nationalsozialisten am 13. März 1933 die Macht im Kölner Rathaus übernehmen konnten, war allerdings bemerkenswert. Der Kölner Regierungspräsident Elfgen, selbst Zentrumsmitglied, beurlaubte Oberbürgermeister Adenauer mit der charakterlosen und schwachen Begründung, es gäbe eine »eindeutige und drohende Haltung in der Bevölkerung«. Ohne eine klare Mehrheit im Rat wurde dann der bis dahin nahezu unbekannte Kölner Nationalsozialist **Günther Riesen** von NSDAP-Gauleiter Grohé zum kommissarischen Oberbürgermeister ernannt und von Elfgen ohne weiteres in seinem Amt bestätigt. Dem Regierungspräsidenten nützte allerdings seine anbiedernde Haltung gegenüber den Nationalsozialisten wenig: Am 18. April 1933 wurde auch er aus seinem Amt entfernt.

Die demokratischen Parteien waren in den Wochen von Januar bis März 1933 nicht in der Lage gewesen, sich gegen die NSDAP und den Terror der SA-Trupps erfolgreich zur Wehr zu setzen. Jetzt rächte es sich, daß die Zentrumspartei und mit ihr der Kölner Oberbürgermeister Konrad Adenauer wie die meisten bürgerlichen Parteien auch eine Zeit lang gehofft hatten, die NSDAP durch ein Regierungsbündnis zähmen zu können. Das Zentrum, bis dahin die stärkste politische Kraft in Köln, versagte kläglich. Bereits in der ersten Sitzung des neuen Stadtrats löste sich die Fraktion auf, und ihre Mitglieder dienten sich den neuen Machthabern als »Hospitanten« an – zum Entsetzen des entmachteten Ex-Oberbürgermeisters Konrad Adenauer.

Die NSDAP präsentiert den neuen Oberbürgermeister Günther Riesen: Im »Westdeutschen Beobachter« (oben) und auf dem Rathausbalkon (rechts)

Vor allem die Woche zwischen den Reichstagswahlen am 5. März und den Kommunalwahlen war von einem bisher nicht gekannten **Terror der Nationalsozialisten** gegen ihre Gegner geprägt. Nach dem Reichtagsbrand am 27. Februar 1933, also noch vor den Reichstagswahlen, begann die

Ratssitzung im Geist der neuen Zeit. Am Rednerpult: Gauleiter Grohé

Verfolgung der kommunistischen Partei; ihre Abgeordneten und Funktionäre wurden verhaftet, die Parteibüros geschlossen. Am 9. März 1933 ging die SA gegen die führenden Sozialdemokraten der Stadt vor. Der Chefredakteur der sozialdemokratischen »Rheinischen Zeitung«, Wilhelm Sollmann, sozialdemokratischer Reichstagsabgeordneter und im Jahr 1923 Reichsinnenminister, wurde in seinem Haus in Köln-Rath verhaftet und in die Gauzentrale in der Mozartstraße verschleppt. Dort erlitten er und ein weiterer Redakteur der »Rheinischen Zeitung«, Hugo Efferoth, schlimmste Mißhandlungen durch die SA. Die SPD-Beigeordneten der Stadt Köln Fresdorf und Meerfeld wurden mit anderen Sozialdemokraten, unter ihnen der frühere Polizeipräsident Bauknecht, festgenommen und kamen in sogenannte »Schutzhaft« in den Klingelpütz. Das August-Bebel-Haus in Deutz, Verlagshaus der »Rheinischen Zeitung«, wurde von SA-Leuten besetzt. [→*Vgl. S. 138/139*]

Bereits am 8. März 1933 hatte die NSDAP durchgesetzt, daß auf dem Rathaus die Hakenkreuzfahne der neuen Machthaber gehißt wurde. Der Kölner Gauleiter Josef Grohé nutzte diese Gelegenheit, um vom Balkon des Rathauses den Kölner Oberbürgermeister Konrad Adenauer und die Zentrumspartei zu beschimpfen. Der Sieg der NSDAP bei den Stadtverordnetenwahlen vom 12. März und ihre offizielle Machtübernahme einen Tag später war dann nur noch

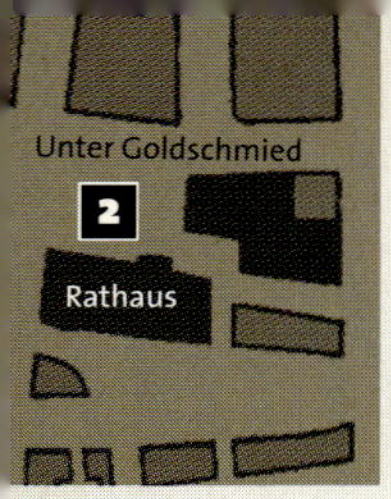

der Schlußpunkt einer Entwicklung, die vor allem durch die Gewalt der Nationalsozialisten geprägt war.

Endgültig entmachtet wurde der Stadtrat schließlich im Jahr 1934, als die Stadtverordnetenversammlung durch ein sogenanntes Ratsherrenkollegium ersetzt wurde, in dem nur noch städtische NS-Honoratioren saßen – ausschließlich Männer. Politische Entscheidungen konnten sie hier nicht fällen, denn sie hatten nur eine beratende Funktion; eine höchst eigenwillige nationalsozialistische Interpretation des Wortes ›Stadtrat‹.

Im Rathaus erinnert eine Gedenktafel an jene Stadtverordnete, die Opfer des Nationalsozialismus wurden; sie ist neben der Eingangstür zum Sitzungssaal im spanischen Bau angebracht.

Sie starben für ihre Überzeugung
Kölner Stadtverordnete als Opfer der nationalsozialistischen Diktatur

Heinrich Arenz (KPD) 1901–1942 ◊ Peter Baum (SPD) 1883–1944 ◊ Georg Beyer (SPD) 1884–1943 ◊ Ernst Hirsch (USPD) 1877 – deportiert; 1945 für tot erklärt ◊ Johannes Mattlener (KPD) 1894–1945 ◊ Dr. Otto Müller (Zentrum) 1870–1944 ◊ Robert Ransenberg (SPD) 1876 – deportiert, 1945 für tot erklärt ◊ Rudolf Safarowsi (KPD) 1903–1943 ◊ Karl Sattler (KPD) 1896–1945 ◊ Johann Thomer (KPD) 1889–1945 ◊ Peter Trimborn (SPD) 1881-1941

Unter den Figuren, die den **2 Rathausturm** zieren, werden auch einige Personen geehrt, die entweder Opfer des Nationalsozialismus waren oder deren Bedeutung für die Stadt Köln auch in der NS-Zeit groß war.

FIGUREN AM RATHAUSTURM, DIE AN WICHTIGE PERSONEN AUS DER NS-ZEIT ERINNERN

Edith Stein (1891–1942) *Nordseite; 1. Reihe von oben, 2. von rechts:* Jüdin und promovierte Philosophin, trat 1922 zum katholischen Glauben über, veröffentlichte philosophische Schriften und wichtige Abhandlungen über Frauenfragen, 1933 trat sie in Köln in den Orden der Karmeliterinnen ein; 1938 floh sie vor den Nationalsozialisten in ein Kloster in den Niederlanden und wurde dort im August 1942 verhaftet und nach Auschwitz deportiert, wo sie ermordet wurde. [→ *Vgl. dazu S. 92/93*]

Benedikt Schmittmann (1872–1939) *Nordseite; 2. Reihe von oben, 2. von rechts:* kath. Sozialwissenschaftler, 1933 aus dem Universitätsdienst entfernt und 1939 im KZ Sachsenhausen ermordet. [→ *Vgl. dazu S. 87*]

Georg Fritze (1874–1939) *Nordseite; 2. Reihe von oben, 3. von rechts:* evangelischer Pfarrer in der Kartäuserkirche, Mitglied der bekennenden Kirche, 1938 von seiner Gemeinde aus dem Amt gedrängt; er starb bald nach seiner Entlassung. [→ *Vgl. dazu S. 91*]

Hans Böckler (1875–1951) *Nordseite; 2. Reihe von oben, 4. von rechts:* seit 1927 Bezirksleiter des Allgemeinen Deutschen Gewerkschaftsbundes (ADGB), seit 1928 Reichstagsabgeordneter der SPD, Mitbegründer der Nachkriegsgewerkschaften und erster Vorsitzender des Deutschen Gewerkschaftsbundes DGB; nach mehreren Verhaftungen in den Jahren 1933/34 lebte Böckler bis zum Kriegsende zurückgezogen in Köln-Bickendorf und dann im Oberbergischen.

Konrad Adenauer (1876–1967) *Nordseite; 2. Reihe von oben, 5. von rechts:* erster Kanzler der Bundesrepublik Deutschland, Mitglied der Zentrumspartei und nach dem Krieg Mitbegründer der CDU, 1920–1933 Präsident des preußischen Staatsrates, 1917–1933 Oberbürgermeister der Stadt Köln, nach der Machtergreifung am 19. März 1933 entlassen; im August 1944 wurde er von der Gestapo verhaftet und im Messelager interniert, im September 1944 erneute Haft in der berüchtigten Haftanstalt Brauweiler.

Amalie Lauer (1882–1950) *Nordseite; 2. Reihe von oben, 2. von links:* bedeutende Vertreterin der katholischen Frauenbewegung; seit 1917 und bis 1932 Direktorin der neu gegründeten Städtischen Wohlfahrtsschule; die frühe Gegnerin des Nationalsozialismus veröffentlichte 1932 eine kritische Schrift mit dem Titel »Die Frau in der Auffassung des Nationalsozialismus«, nach 1933 zog sie sich völlig zurück.

Joseph Kardinal Frings (1887–1978) *Nordseite; 2. Reihe von oben, 1. von links:* zwischen 1910 und 1937 Priester in verschiedenen Kölner Gemeinden, 1942 Berufung zum Kölner Erzbischof; viel deutlicher als sein Vorgänger Kardinal Schulte verurteilte er die Vernichtungspolitik der Nationalsozialisten.

Christine Teusch (1888–1968) *Ostseite; 2. Reihe von oben, 3. von rechts:* bedeutende katholische Sozialpolitikerin und Zentrumsabgeordnete im Reichstag, 1933 verlor sie ihr Reichstagsmandat und war für drei Jahre im Schuldienst in Köln, danach völliger Rückzug; nach dem Krieg ging sie in die Landespolitik und wurde gegen erhebliche Widerstände als NRW-Kultusministerin die erste Frau auf einem Ministerposten in Deutschland.

Wilhelm Sollmann (1881–1951) *Ostseite; 2. Reihe von oben, 4. von rechts:* Sozialdemokrat, 1919 Mitglied der verfassungsgebenden Versammlung in Weimar, seit 1920 Reichstagsabgeordneter, 1920–1933 Chefredakteur der »Rheinischen Zeitung«; im März 1933 verhaftet und im »Braunen Haus« gefoltert, über mehrere Zwischenstationen 1937 Emigration in die USA. [→ *Vgl. dazu S. 9, 64*]

Josef Haubrich (1889–1961) *Ostseite; 2. Reihe von oben, 5. von rechts:* bedeutender Kunstsammler und Stifter; er kaufte auch während der NS-Zeit Kunstwerke, die von den Machthabern als »entartete Kunst« diffamiert wurden, und bewahrte sie vor der Vernichtung.

Bernhard Letterhaus (1894–1944) *Südseite; 2. Reihe von oben, 1. von rechts:* Sekretär des Verbandes der kath. Arbeitnehmervereine; im Juli 1944 verhaftet und im November 1944 zum Tode verurteilt und hingerichtet. [→ *Vgl. dazu S. 113/114*]

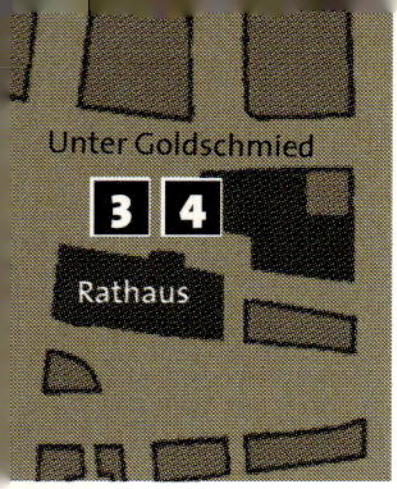

Vor dem Rathaus erinnert eine **3 Schriftplatte** an das Schicksal von etwa 1 000 Roma und Sinti, die im Mai 1940 von Köln aus in die Ghettos und Vernichtungslager nach Osteuropa verschleppt wurden.
[→ *Vgl. S. 122–124*]

Mai 1940 – 1000 Roma und Sinti

Auf die Initiative der Romavereinigung »Rom e.V.« wurde außerdem am 16. Dezember 1992 ein **4 »Stolperstein«** installiert, der ebenfalls an das Schicksal der Roma und Sinti in der NS-Zeit erinnert. Anlaß der Aktion war der fünfzigste Jahrestag eines Erlasses von Heinrich Himmler, der bestimmte, daß alle »Zigeuner« in das Konzentrationslager Auschwitz-Birkenau einzuweisen seien. Der »Stolperstein« wurde vor dem Haupteingang des Rathauses in das Kopfsteinpflaster eingesetzt; Der Kölner Künstler Gunter Demnig hat eine Bronzeplatte mit dem Anfang des Himmler-Erlasses auf ihm montiert.

»Auf Befehl des Reichsführers-SS vom – Tgb-Nr. I 2652/42 Ad./Rf/V. – sind Zigeunermischlinge, Rom-Zigeuner und nicht deutschblütige Angehörige zigeunerischer Sippen balkanischer Herkunft nach bestimmten Richtlinien auszuwählen und in einer Aktion von wenigen Wochen in ein Konzentrationslager einzuweisen. Dieser Personenkreis wird im Nachstehenden kurz als »zigeunerische Personen« bezeichnet. Die Einweisung erfolgt ohne Rücksicht auf den Mischlingsgrad familienweise in das Konzentrationslager – Zigeunerlager – Auschwitz.«

Diese Form des Gedenkens ist vor allem deswegen bemerkenswert, weil hier das bürokratische Verfahren der Vernichtungsaktionen besonders deutlich wird. So entsteht ein plastischer Eindruck von der fast unheimlichen Gründlichkeit und der ›ordentlichen‹ Organisation der NS-Vernichtungspolitik. Der »Stolperstein« ist damit unter den vielen Gedenktafeln und Denkmälern in Köln einzigartig. Das künstlerische Konzept des »Stolpersteins« wird aber von Gunter Demnig in den nächsten Jahren stark erweitert: vor einigen hundert Häusern in der Stadt werden solche Stolpersteine mit den Namen und Lebensdaten früherer Hausbewohner ganz konkret an viele Opfer des Nationalsozialismus erinnern: Juden, »Zigeuner«, »Asoziale« und andere. Ein Anfang dieses Projekts ist bereits gemacht: Vor dem Haus Bobstraße 6–8 erinnern vier Stolpersteine an deportierte Sinti.

Bald erinnern viele solcher Stolpersteine in der Stadt an NS-Opfer

In der Hohe Straße 133, nahe des Doms, wurde im Jahr 1933 ein **5 vegetarisches Restaurant** des »Internationalen Sozialistischen Kampfbundes« (ISK) eröffnet, dessen Erlös die politische Arbeit des ISK finanzierte.

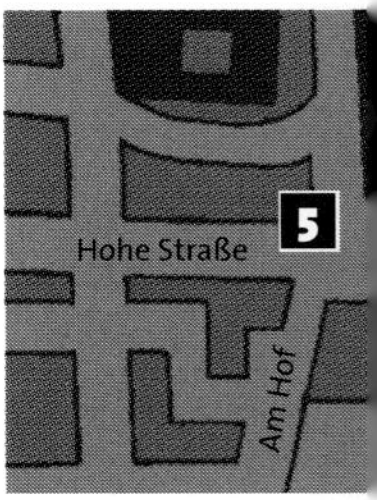

Der ISK war eine sehr kleine, elitäre und fast sektiererische sozialistische Organisation. Sie orientierte sich nicht an der revolutionären Politik der KPD, sondern vertrat einen extremen moralischen Sozialismus. Alkoholverbot, eine vegetarische Lebensweise, die persönliche und finanzielle Opferbereitschaft und die Unterordnung unter die politischen Führer bestimmten das Leben der ISK-Mitglieder. Ihren Ursprung hatte der ISK im »Internationalen Jugendbund« des englischen Philosophen Leonard Nelson, nach dessen Tod im Jahr 1927 der Deutsche Willi Eichler den Bund führte. Das Ziel des ISK war die Befähigung seiner Mitglieder zur politischen Führerschaft. In Köln hatte der Bund etwa zehn bis fünfzehn Mitglieder.

Da der ISK ohnehin sehr konspirativ arbeitete, fiel es dem Bund nicht schwer, sich 1933 auf die neuen Bedingungen einzustellen. In kleinen Gruppen von fünf Personen organisiert, konnte er eine lange Zeit in der Illegalität

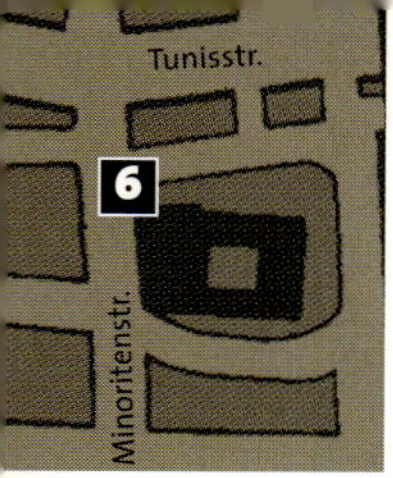

arbeiten. Mit politischen Besprechungen, Plakataktionen und vor allem mit Flugblättern und der ISK-Zeitschrift »Sozialistische Warte« leistete der Bund Widerstand gegen die Nationalsozialisten. Diese politische Arbeit wurde vor allem durch die vegetarischen Restaurants in der Hohe Straße und in der Beethovenstraße finanziert. Erst Anfang 1938 wurde der ISK von der Gestapo aufgedeckt, das vegetarische Restaurant blieb aber noch geöffnet, bis es im Juni 1943 einem Bombenangriff zum Opfer fiel.

Sie starben für uns Generalpräses Msgr. Theodor Hürth † 1944 durch Bombenangriff ◇ Diözesanpräses Josef Cardaun † 1944 durch Bombenangriff ◇ Präses Heinz Richter † 1945 im KZ ◇ Geschäftsführer Theodor Babilon † 1945 im KZ
Es gibt keine größere Liebe, als wenn einer sein Leben für seine Freunde hingibt.
Joh. 15,13

Von der Hohe Straße aus in Richtung Nord-Süd-Fahrt erreicht man die **6 Minoritenkirche**; hier befindet sich das Grab von Adolph Kolping, dem katholischen »Gesellenvater« und Mitbegründer der kirchlichen Arbeiterbewegung. Im Inneren der Kirche erinnert eine Tafel auch an die Mitglieder des Kolpingwerks, die in der Zeit des Dritten Reiches starben.

Das Kolpingwerk stand als katholische Handwerkerorganisation unter dem Schutz des Konkordates zwischen Hitler-Deutschland und dem Vatikan; es wurde daher von den Nationalsozialisten nicht aufgelöst. Dennoch stand es wie die anderen kirchlichen Verbände unter der Kontrolle der Gestapo, die für deren Beobachtung eine eigene Abteilung eingerichtet hatte. Das Kölner Kolpingwerk wurde in der NS-Zeit von Präses Heinrich Richter und dem Geschäftsführer Theodor Babilon geleitet.

Heinrich Richter, geb. am 23. Dezember 1898 in Köln-Mülheim, wurde 1922 zum Priester geweiht. Seit 1931 war er als Präses des Kolpingwerks Köln-Zentral der geistliche Leiter des Verbandes. **Theodor Babilon**, am 26. Februar 1899 in Deutz geboren, war bereits seit 1919 hauptamtlich beim Kolpingwerk, seit 1932 als kaufmännischer Geschäftsführer des Kölner Verbandes. Mit dem Zentrumspolitiker Leo Schwering und Karl Zimmermann, einem Mitarbeiter des Kolpingwerkes, wurden Richter und Babilon am 15. August 1944

Der Präses des Kölner Kolpingwerks Heinrich Richter

Der Geschäftsführer des Kölner Kolpingwerks Theodor Babilon

von der Gestapo verhaftet. Sie waren zuerst im EL-DE-Haus und dann im Messelager eingesperrt.

Die Verhafteten gehörten zu einem oppositionellen Kreis, der sich regelmäßig im nahegelegenen Kolpinghaus an der Breite Straße traf. Ihre Besprechungen, die sich um Pläne für die Neugestaltung Deutschlands nach dem Krieg drehten, wurden jedoch verraten, und die vier Männer wurden eine Woche vor der bekannten »Gewitteraktion« der Gestapo inhaftiert; sehr wahrscheinlich standen diese Verhaftungen aber schon im Zusammenhang mit der großen Verfolgungswelle vom Spätsommer 1944. Schwering und Zimmermann gelang nach einem Bombenangriff die Flucht aus dem Deutzer Messelager; Theodor Babilon und Heinz Richter aber wurden am 15. Januar 1945 in das KZ Buchenwald deportiert, wo sie im Nebenlager Ohrdruf vermutlich an Hunger und Entkräftung starben. Der Todestag Richters ist unbekannt, aber Aussagen anderer Buchenwaldhäftlinge lassen vermuten, daß er noch bis April 1945 in dem Lager überlebt hat. Als Sterbedatum Babilons vermerkt die Häftlings-Personalakte aus Buchenwald den 11. Februar. Möglicherweise lebte er aber wie Richter noch bis Anfang April.

Nach **Präses Heinz Richter** wurde ein Platz in Köln-Mülheim, seinem Geburtsort, benannt, an dem seit 1929 das Gesellenheim der Kolpingfamilie Mülheims gelegen hatte. In dem Gebäude hatten sich ab 1937 die Kreisleitung der NSDAP Köln-Stadt rechtsrheinisch, Zweigstellen der Deutschen Arbeitsfront DAF, die lokalen NSDAP-Ortsgruppen und die dazugehörigen HJ-Einheiten eingerichtet. Nach **Theodor Babilon** ist eine Straße in Deutz benannt; im Deutzer Kolpinghaus erinnert außerdem eine Gedenktafel an den gebürtigen Deutzer. [→*Vgl. dazu S. 140*]

Die Nord-Süd-Fahrt überquerend, die bereits in der NS-Zeit geplant wurde und dann nach 1945 in abgeschwächter Form das Stadtbild gründlich veränderte, führt der Weg jetzt zum **7 Opernhaus**. Dort stand in der Glockengasse 7 seit 1861 die erste **Synagoge** der Kölner Juden seit dem Mittelalter. Der prächtige Bau der Kölner jüdischen Gemeinde entstand nach Plänen des Kölner Dombaumeisters Ernst Zwirner; sein neomaurischer Stil war Ausdruck der Suche nach einer eigenständigen jüdischen Identität, die an die nahöstlich-orientalischen Ursprünge des Judentums anknüpfte.

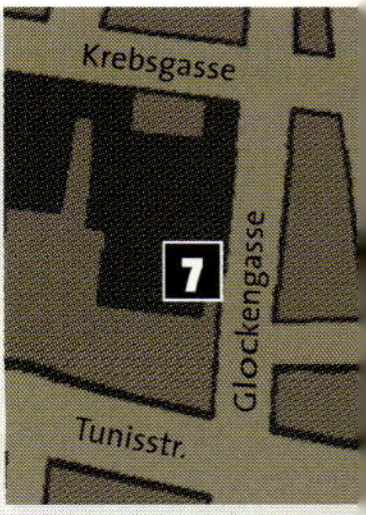

Durch den Novemberpogrom 1938 verwüstet. An die Synagoge erinnert eine Gedenktafel am Opernhaus

Die Synagoge in der Glockengasse galt als Zentrum der eher konservativen jüdischen Kölner. Sie unterschied sich damit von der Synagoge in der Roonstraße, die als Versammlungsort der liberalen Juden galt, oder der orthodoxen jüdischen Gemeinde Adass Jeschorun in der St.-Apern-Straße. [→*Vgl. dazu S. 66–68, S. 17–19*]

Wie die meisten anderen jüdischen Gotteshäuser wurde auch die Synagoge in der Glockengasse in der Reichspogromnacht vom 9./10. November 1938 verwüstet.

In der Glockengasse ist am Gebäude der Oper eine Gedenktafel angebracht, mit der an die zerstörte Synagoge erinnert wird:

> An dieser Stelle stand die 1857–61 nach Entwürfen von Dombaumeister E. Zwirner erbaute Synagoge / ein Geschenk von A. Oppenheim / zerstört am 9. November 1938

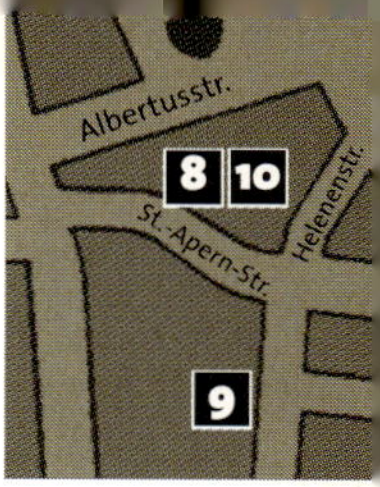

Über die Breite Straße erreicht man die St.-Apern-Straße. Ab 1937 residierte dort im **8** **»Kreishaus«** die Leitung der NSDAP für den Kreis Köln-Land. [→*Vgl. zur Gauleitung, S. 76–78; andere Kreisleitungen, S. 28, 115–117*] Das Haus war 1907/09 als Verwaltungssitz für den Landkreis Köln errichtet worden. Als im Jahr 1936 die Kreissparkasse ihre Filiale im Erdgeschoß aufgab, übernahm die NSDAP die Schalterhalle, die für ihre Zwecke umgebaut wurde. Vor allem eine Milchglasdecke mit Hakenkreuzemblemen verdeutlichte damals den neuen Zweck der Räume. Im Krieg wurde das Kreishaus beschädigt, in den fünfziger Jahren aber wieder hergestellt. Bis zur Gebietsreform 1975/76 und der Auflösung des Landkreises Köln behielt das Gebäude seinen ursprünglichen Zweck. Vor einigen Jahren wurde es völlig umgebaut und zur »Kreishausgalerie« umgestaltet. Von der alten Bausubstanz zeugt vor allem noch die schön gegliederte Fassade in der St.-Apern-Straße.

Gleich um die Ecke, in der Helenenstraße 9, befand sich früher das **9** **»Haus Mainz«**, eine der Stammkneipen der NSDAP in der Weimarer Republik und mit Sicherheit ein Ort, an dem einige der Terroraktionen der Nationalsozialisten vor der »Machtergreifung« geplant und später gefeiert wurden. Heute steht hier ein unscheinbarer Nachkriegsbau.

Wenige Meter entfernt befand sich in der St.-Apern-Straße 29–31 bis zum 10. November 1938 die **10** **Synagoge** der orthodoxen Kölner Gemeinde **»Adass Jeschorun«**. Dieses Gotteshaus wurde im Jahr 1884 eingeweiht und bildete mit einem angeschlossenen Lehrerseminar und der jüdischen **Volksschule Morijah** eines der Zentren der jüdischen Kultur in Köln. Seit 1919 gehörte dazu auch das jüdische Reformgymnasium **Jawne**. Eine wichtige Rolle spielte für die orthodoxen Gemeindemitglieder aber auch die Reli-

In der Reichspogromnacht und später im Bombenhagel zerstört: Die Synagoge »Adass Jeschorum«

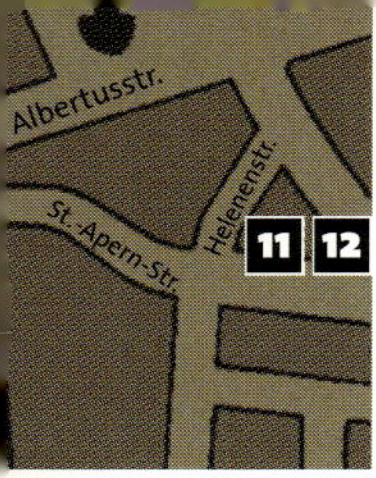

gionsschule **»Talmud Thora«** und der mit ihr verbundene Verein **»Limnud Thora«**, die die Kenntnis der jüdischen religiösen Schriften vor allem unter den Jugendlichen verbreiten sollten.

Am 9. November 1938, in der Reichspogromnacht, holte ein Gestapokommando alle Thorarollen und andere transportable Einrichtungsgegenstände der Synagoge ab. Einen Tag später wurde sie dann zerstört. Im Jahr 1943 fiel das verwüstete Gebäude der Synagoge und der Schulen endgültig einem Bombenangriff zum Opfer. Die Stadt Köln erwarb das Grundstück im Mai 1943 für 93 000 Reichsmark von der »Reichsvereinigung der Juden in Deutschland«; der Vertreter der Reichsvereinigung, der den Verkauf bestätigen mußte, war zu diesem Zeitpunkt im Müngersdorfer Sammellager für Juden interniert.

An dem Haus an der Ecke St.-Apern-Straße/Helenenstraße ist eine Gedenktafel angebracht, die an die Synagoge erinnert.

Hier stand seit 1884 / die Synagoge der orthodoxen Synagogen- / gemeinde Adass Jeschorun / Gemeinde der Gerechten. / Verbunden waren damit ein Lehrerseminar, / ab 1907 die Volksschule Morija / und seit 1912 das Gymnasium Jawne./ Das Innere der Synagoge / wurde am 10. November 1938 zerstört, / das Gebäude fiel einem Bombenangriff / im 2. Weltkrieg zum Opfer.

Leiter des Gymnasiums Jawne war seit April 1929 **Dr. Erich Klibansky**. Klibansky, in Frankfurt am 28. November 1900 geboren, hatte nach 1933 frühzeitig begonnen, seine Schüler auf die Auswanderung aus Deutschland vorzubereiten. Es gelang ihm noch 1939, viele von ihnen nach England in Sicherheit zu bringen. Klibansky selbst wurde am 20. Juli 1942 mit seiner Frau und seinen drei Söhnen aus Köln in Richtung Minsk deportiert; schon auf dem Weg in das russische Ghetto wurden sie ermordet.

Seit dem 28. November 1990 ist der benachbarte **11 Platz** nach Klibansky benannt. Am Straßenschild erinnert eine kleine Tafel an den jüdischen Pädagogen.

Dr. Erich Klibansky, geb. in Frankfurt a. M. am 28.11.1900, / ermordet durch ein SS-Kommando bei Minsk am 25.7.1942. / Direktor des Jüdischen Reformrealgymnasiums Jawne, Köln, St.-Apern-Straße 29–31. Retter von über 130 Kindern.

Unter dieser Tafel weist ein Schild auf den **12 Brunnen** hin, der auf dem Klibansky-Platz vor allem an das Schicksal der deportierten und ermordeten jüdischen Kinder erinnert. Der achteckige Brunnen ist an seinen Seiten mit Bronzeplatten verkleidet, auf denen die Namen der rund 1 100 ermordeten Kinder zu lesen sind. Den Brunnen krönt eine Skulptur mit dem Namen »Löwe von Juda«. Eine Bronzetafel auf dem Brunnenrand erläutert das Denkmal.

Der Löwe von Juda des Bildhauers und Jawneschülers Hermann Gurfinkel steht am Ort eines Zentrums jüdischen Lebens und Lernens von 1884 bis 1942; dazu gehörten: die Synagoge der Gemeinde Adass-Jeschorun und im Gebäude des Lehrerseminars die Volksschule Morijah, das Gymnasium Jawne mit Realschule und Lyzeum, ab 1939 die Volksschule Lützowstraße. / Hier mußten die Kinder der Heime Lützowstraße und Abraham-Frank-Haus mit Familien aus Köln und Umgebung auf ihre Deportation warten. / Wir gedenken der über 1.100 jüdischen Kinder, die zwischen 1938 und 1945 durch die nationalsozialistische Gewaltherrschaft von Köln aus in den Tod getrieben wurden.
Liebe deinen Nächsten – er ist wie du! (3. Mose 19, Vers 18)

Das Mahnmal Löwenbrunnen wurde vom Ehepaar Irene und Dieter Corbach gestiftet, die die nötigen Mittel dafür aus privaten Spenden aufgebracht haben. Beide haben auch eine Gedenktafel für die jüdische Volksschule in der Lützowstraße gestiftet. [→*Vgl. S. 69–70*]

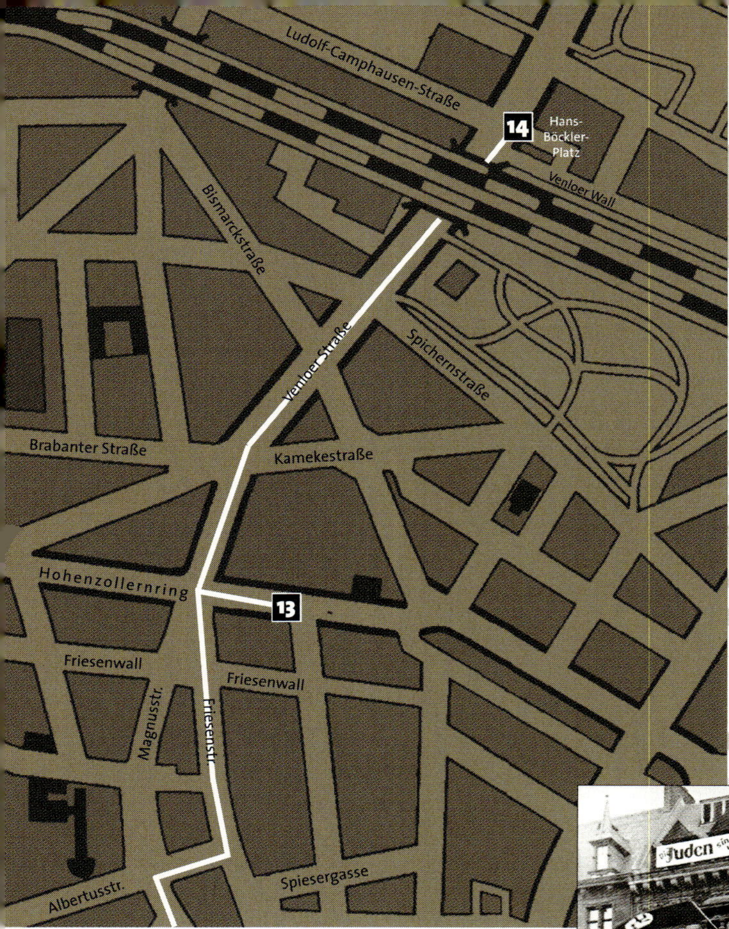

Fortsetzung der Tourenkarte von S. 7

Von hier aus kann ein Abstecher über die Ringe bis zum Westbahnhof führen. Am Hohenzollernring 81 befand sich in den Zwanziger Jahren eine **13** **»Großdeutsche Buchhandlung«**, ein Zentrum der Nationalsozialisten in Köln. Das Haus machte provokativ mit Hakenkreuzsymbolen auf die antisemitische Partei aufmerksam, und schon 1928 hatten die Nationalsozialisten hier mit einem großen Plakat am Dachgiebel ihre üble Propaganda verbreitet: »Die Juden sind unser Unglück«. Zu diesem Zeitpunkt war die Stadt Köln noch in der Lage, gegen die

Nationalsozialisten vorzugehen: Die NSDAP mußte die Fahnen und das Plakat schon nach einem Tag wieder beseitigen.

In dem Nachkriegsbau, der sich heute an dieser Adresse befindet, war lange Zeit das Capitol-Kino untergebracht; heute wird hier eine Fernseh-Show produziert. Immerhin vermittelt ein Haus in unmittelbarer Nachbarschaft einen Eindruck von der ursprünglichen Ringbebauung vor dem Krieg.

Westdeutscher Beobachter

Amtliches Organ der NSDAP

Köln, Freitag, 5. Mai 1933

Gleichschaltung der Christlichen Gewerkschaften

Acht Millionen Arbeiter für den neuen Staat

Landesgeschäftsführer Kaiser seines Postens enthoben!

Die deutsche Arbeitsfront

Verschleuderung der Arbeitergroschen bei der Kölner Arbeiterbank

Bis 1933 **Zentrale der »Christlichen Gewerkschaft«**, dann von den Nationalsozialisten übernommen

Über die Venloer Straße erreicht man bald hinter der Bahntrasse und direkt am Westbahnhof den **Hans-Böckler-Platz**. Dort ist heute der Sitz des Deutschen Gewerkschaftsbundes DGB für den Kreis Köln-Leverkusen-Erft und seiner angeschlossenen Einzelgewerkschaften. Zur Jahrhundertwende gebaut, war dieser wuchtige Bau bis 1933 das **14 »Haus der christlichen Gewerkschaft«**, in dem sich die Zentrale dieser Gewerkschaftsrichtung befand.

Nachdem am 2. Mai 1933 das Volkshaus in der Severinstraße, Sitz der mit der SPD verbundenen Freien Gewerkschaften, besetzt wurde, [→*Vgl. S. 88–89*] machte der SA-Terror einen Tag später auch den christlichen Gewerkschaften ein Ende. Das NS-Blatt »Westdeutscher Beobachter« triumphierte am 4. Mai: »Gleichschaltung der Christlichen Gewerkschaften. Landesgeschäftsführer Kaiser seines Postens enthoben!« Innerhalb weniger Tage im Mai wurden also die wehrlosen Gewerkschaften zerschlagen; noch am 1. Mai, dem traditionellen Kundgebungstag der Arbeiterparteien, den die Nationalsozialisten taktisch geschickt zum nationalen »Tag der Arbeit« machten, hatten sie ihren Anpassungswillen demonstriert, indem sie an den offiziellen Kundgebungen der neuen Machthaber teilnahmen.

Wie in der Severinstraße wurde auch hier am Venloer Wall die Hakenkreuzfahne auf dem Gebäude gehißt, und wie in der Severinstraße wurde eine Geschäftsstelle der

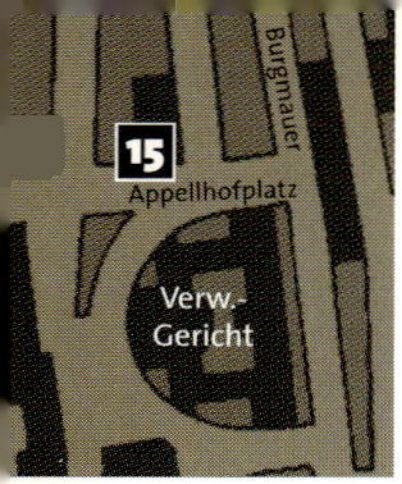

Deutschen Arbeitsfront DAF, der NS-Arbeiterorganisation, eingerichtet, hier für die Kreisleitung Köln-linksrheinisch Nord. [→*Vgl. zur Gauleitung DAF, S. 30–32*]

Im »Deutschen Haus«, einer Gastwirtschaft im Gewerkschaftsgebäude, traf sich trotzdem seit Anfang 1934 regelmäßig eine Gruppe ehemaliger Gewerkschafter zum Gedankenaustausch mit Mitgliedern der Katholischen Arbeitnehmerbewegung KAB aus dem Ketteler-Haus [→*Vgl. S. 112/113*] und mit Angehörigen der Freien Gewerkschaften und der SPD. Auch wenn hieraus kein aktiver Widerstand entstand, bildete sich hier, unter den Augen der Nationalsozialisten und trotzdem unbemerkt, ein Kreis oppositioneller Männer, in dem sich verschiedene Widerstandsgruppen späterer Jahre – im Ketteler-Haus und beim Kolpingverein – schon früh begegneten.

Für den Rückweg bietet es sich an, mit der Straßenbahn bis zum Appellhofplatz zu fahren.

In der Nähe der Helenenstraße, über den Berlich und die Elisenstraße zu erreichen, steht am Appellhofplatz das **15 EL-DE-Haus**, ein Gebäude, das in Köln am deutlichsten an die NS-Vergangenheit erinnert, denn hier war ab Dezember 1935 bis zum Kriegsende der Sitz der Geheimen Staatspolizei (Gestapo) für den Regierungsbezirk Köln. Das Haus war Ort von Folterungen, und ab Oktober 1944 wurden an einem Galgen im Innenhof des Hauses viele Menschen ermordet.

Der Name »EL-DE-Haus« geht auf die Initialen des Besitzers und Bauherrn Leopold Dahmen zurück, der das Gebäude 1934/35 als Wohn- und Geschäftshaus bauen ließ; unmittelbar nach seiner Fertigstellung übernahm es jedoch die Kölner Gestapostelle.

Heute eine Gedenkstätte: Das Gestapo-Gefängnis im EL-DE-Haus

Im Keller richtete die Gestapo noch 1935 ein Hausgefängnis ein, in dem die Verhafteten zwischen ihren Verhören oder bis sie in andere Gefängnisse oder Konzentrationslager verschleppt wurden, oft monatelang ausharren mußten. Der verschleiernde Begriff, den die Nationalsozialisten für die Gestapopraxis der Verhaftungen erfanden, war »Schutzhaft«; ohne alle rechtlichen Schranken konnte sie verhängt werden, wenn die Gestapo glaubte, jemand habe sich eines Vergehens schuldig gemacht. Völlig unzureichende sanitäre Anlagen, häufig eine katastrophale Überbelegung der engen Zellen und die brutale Behandlung durch das Gefängnispersonal machte die Haft im Keller des EL-DE-Hauses unerträglich. Glaubhafte Berichte bezeugen, daß z.T. mehr als dreißig Menschen in einer einzigen engen Zelle eingesperrt waren.

Die Inschriften an den Zellenwänden sind oft das letzte Lebenszeichen der Gefangenen

Eine große Zahl von Wandinschriften, die in den ehemaligen Gefängniszellen besichtigt werden können, erinnert noch heute an das Schicksal der Gestapogefangenen.

Die weitaus meisten erhaltenen Inschriften stammen von Zwangsarbeitern, die vor allem aus Polen und Rußland

AUFSCHLUẞREICH BLEIBT DIE GESCHICHTE DES EL-DE-HAUSES AUCH NACH 1945 …

Ausgerechnet dieses Gebäude, daß das Verbrecherische der Hitler-Zeit so sehr symbolisiert, gehörte 1945 zu den wenigen Gebäuden in der Kölner Innenstadt, die kaum zerstört waren. Es wurde daher schon unmittelbar nach Kriegsende wieder genutzt, anfangs vom Schweizerischen Konsulat und der Firma des Hausbesitzers Dahmen. 1949 mietete die Stadt Köln das ganze Gebäude und seitdem waren eine ganze Reihe städtischer Ämter hier untergebracht, unter anderem das Standesamt oder das Rentenamt, das bis heute hier seinen Sitz hat.

Die heute sehr wuchtig wirkende breite Front zum Appellhofplatz hin wurde erst in den Jahren 1947–49 hergestellt, indem die Nachbargebäude am Appellhofplatz und in der Elisenstraße in den Bau integriert wurden. Dabei wurde die Gestaltung jenem Bau angeglichen, der als Gestapogebäude die Herrschaft der Nationalsozialisten in Köln repräsentiert – auch wenn er eigentlich nicht als NS-Architektur entworfen wurde.
Auf diese Weise erhielt das Gebäude, das im heutigen Köln am ehesten die Herrschaft der Nationalsozialisten repräsentiert, erst nach 1945 seine mächtige Gestalt – durch eine Verdopplung seiner Größe.

Wie sehr man im übrigen die frühere Nutzung des Gebäudes verdrängte, zeigt gerade der Umgang mit dem Keller. Er wurde ohne jegliche Umbauten als Akten- und Kohlenkeller oder einfach zum Abstellen von Gerümpel genutzt. Die massiven Zellentüren und die Wandinschriften blieben dabei immer sichtbar und hätten daran erinnern können, daß hier früher Gefängniszellen waren. Einzelaktionen in den sechziger Jahren von Sammy Maedge, einem sehr engagierten Kölner, der auf die Bedeutung des EL-DE-Hauses aufmerksam machen wollte, blieben erfolglos, und erst eine Bürgerinitiative Ende der siebziger Jahre änderte daran etwas – im letzten Augenblick, denn der Keller sollte wegen einer neuen Heizungsanlage völlig umgebaut werden. Die Zellen mit ihren Inschriften wären dann als mahnende Erinnerung verloren gewesen. Seit Dezember 1981 ist der Keller des Hauses als Gedenkstätte für die Öffentlichkeit zugänglich. 1987 richtete der Rat der Stadt Köln außerdem ein Dokumentationszentrum ein, das die Geschichte Kölns in der NS-Zeit erforschen soll. Seit 1988 arbeitet das NS-Dokumentationszentrum im EL-DE-Haus, das hier seit Juni 1997 eine umfangreiche Dauerausstellung zur Geschichte Kölns im Nationalsozialismus präsentiert.

nach Köln verschleppt worden waren. Je länger der Krieg dauerte, desto größer war die Zahl dieser Arbeitssklaven, die in vielen Betrieben in der Stadt eingesetzt waren. Ihre zunehmende und quälende Rechtlosigkeit führte dazu, daß ab 1942/43 immer mehr von ihnen in die Klauen der Gestapo gerieten. Im Herbst 1944 ist schließlich auf dem Hinterhof des EL-DE-Hauses ein Galgen aufgestellt worden, an dem viele von ihnen ohne jede Gerichtsverhandlung ermor-

det wurden. Die Zahl der Zwangsarbeiter, die hier hingerichtet wurden, ist nicht genau bekannt; nach vorsichtigen Schätzungen muß man aber vermuten, daß es rund 1 100 Personen waren.

»Aufgabe« der Gestapo war es, die tatsächlichen und möglichen Gegner der nationalsozialistischen Machthaber zu beobachten, sie mit bürokratischer Gründlichkeit zu erfassen und wirkungsvoll zu bekämpfen. Mit ihren vielen verschiedenen Abteilungen kontrollierte sie die unterschiedlichsten Bevölkerungsgruppen: Juden, die Kirchen, die Arbeiterparteien, Homosexuelle, Jugendorganisationen, die sich gegen die HJ stellten, und andere gerieten in das Fadenkreuz der Gestapo. Sie war für die Betroffenen ein völlig unberechenbares Terrorinstrument der Nationalsozialisten, gegen das es keinerlei rechtsstaatliche Mittel zur Gegenwehr gab. Schon eine Vorladung konnte für den Einzelnen eine Katastrophe bedeuten, ganz zu schweigen von der körperlichen Bedrohung durch Folter. Dabei war die »Arbeit« der Gestapo zugleich überaus bürokratisch organisiert. Dieses Nebeneinander von bürokratischem Apparat und professioneller Polizeiarbeit auf der einen Seite und Terror, Folter und Mord auf der anderen Seite macht es auch heute noch schwer, die Gestapowirklichkeit zu begreifen.

Die zwei Gesichter der Gestapo: rohe Gewalt und zugleich die peinlichste bürokratische Ordnung

Ihre oft verhängnisvollen Fahndungserfolge verdankte die Geheime Staatspolizei nicht allein ihren polizeilichen Ermittlungen und einem weit verzweigten Netz von V-Leuten, sondern zu einem sehr großen Teil auch den vielen Denunziationen, mit denen sich die »Volksgenossen« an der brutalen Unterdrückung der deutschen Gesellschaft beteiligten, um jeweils ihre eigenen Ziele zu verfolgen. Zum Terror der Gestapo gehörte notwendig auch die Denunziationsbereitschaft der Bevölkerung.

Auf dem Kölner Westfriedhof an der Venloer Straße sind auf einem sogenannten »Gestapofeld« viele hundert Opfer der NS-Herrschaft beerdigt worden – meist Zwangsarbeiter, die in den zahlreichen Lagern, im EL-DE-Haus oder im Messelager ermordet wurden. Auch viele Kölner, Kranke und Behinderte, die dem brutalen Euthanasie-Programm des NS-Staates zum Opfer fielen, sind dort beigesetzt worden. Mit verschiedenen Gedenktafeln und Denkmälern ist der Westfriedhof die wichtigste Erinnerungsstätte an die zahllosen Opfer des NS-Regimes in Köln.

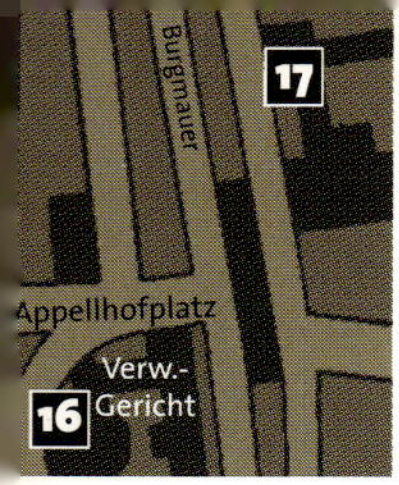

Am Appellhofplatz, genau gegenüber vom EL-DE-Haus, steht das imposante Gebäude des **16 Kölner Landgerichts**, in dem heute das Amtsgericht und das Finanzgericht tagen. Es wurde 1893 errichtet, um die preußischen Justizbehörden Kölns an einem Ort zusammenzuführen. Offenbar expandierten diese Behörden aber sehr schnell, denn schon 1911 wurde am Reichenspergerplatz ein noch größerer Justizpalast für das Oberlandesgericht eröffnet. [→*Vgl. S. 109–111*]

Auch in Köln war die Justiz eng in den Machtapparat der Nationalsozialisten eingebunden

Bereits unmittelbar nach der »Machtergreifung« erhielten die Justizbehörden von den Nationalsozialisten neue Aufgaben zugeteilt, wodurch die Justiz eng in den Unterdrückungsapparat der neuen Machthaber eingebunden wurde. Aufgrund einer Verordnung zur »Abwehr heimtückischer Angriffe auf die Regierung der nationalen Erhebung« vom 21. März 1933 wurde am Landgericht ein sogenanntes **»Sondergericht«** eingesetzt, das die Gegner des NS-Regimes schnell und ganz im Sinne der Parteiführung aburteilen sollte. Als heimtückisch galt es bereits, wenn jemand »eine unwahre oder gröblich entstellte … Behauptung aufstellt oder verbreitet, die geeignet ist, das Wohl des Reiches … oder das Ansehen der Reichsregierung oder einer Landesregierung oder der hinter diesen Regierungen stehenden Parteien oder Verbände schwer zu schädigen«. Jede Kritik an der neuen Regierung wurde damit strafwürdig, jede spontane Äußerung von Unzufriedenheit war gefährlich.

Wieviele Menschen vom Sondergericht in Köln verurteilt wurden, ist nicht genau bekannt. Es sind allerdings die Akten von einigen tausend Fällen erhalten geblieben, die deutlich machen, daß das Sondergericht auch bei geringsten Vergehen drastische Strafen verhängte. Die Verfahren sowie die Urteile wurden sehr schnell vollzogen, was dem eigentlichen Zweck der Sondergerichte als juristischer Arm des NS-Machtapparates entsprach. Der Krieg hat die Rolle der Sondergerichte verändert. Die Zahl der behandelten Fälle stieg noch einmal drastisch an, so daß nach 1941 zeitweise vier Sondergerichte in Köln arbeiteten; immer häufiger wurden von ihnen jetzt auch Todesurteile ausgesprochen. Es konnte jetzt vorkommen, daß jemand wegen Plünderung verhaftet wurde, schon am folgenden Tag vor ein Sondergericht gestellt wurde und einen weiteren Tag später im Klingelpütz hingerichtet wurde. Dort im Kölner Gefängnis war die Hinrichtungsstätte für eine ganze Reihe von Sondergerichten. [→*Vgl. S. 100–103*]

In der benachbarten Zeughausstraße befindet sich der Sitz des **17** **Kölner Regierungspräsidiums**. Die unrühmliche Rolle des damaligen Regierungspräsidenten **Elfgen** bei der Machtergreifung wurde bereits angesprochen. Trotz seiner Anbiederung an die NSDAP wurde er schon am 18. April 1933 entlassen; sein Nachfolger Rudolf zur Bonsen war schon vor 1933 NSDAP-Mitglied und garantierte die endgültige Gleichschaltung der Behörde.

In der NS-Zeit war das Regierungspräsidium unter anderem daran beteiligt, mißliebige Beamte im Regierungsbezirk aus ihren Positionen zu entfernen. Durch sogenannte **»Dienststrafverfahren«** wurde das »Gesetz zur Wiederherstellung des Berufsbeamtentums« vom 7. April 1933 durchgesetzt. Das bekannteste Opfer dieser Verfahren des Kölner Regierungspräsidiums war der weltweit anerkannte protestantische Theologe **Karl Barth**; ihm wurde am 20. Dezember 1934 der Lehrstuhl an der Universität Bonn entzogen.

Das Regierungspräsidium war wie die Landratsämter und die lokalen Polizeibehörden des Bezirks verpflichtet worden, die Gestapo bei ihrem Kampf gegen die politischen Gegner zu unterstützen; es war auf diese Weise als aufsichtsführende Behörde mitverantwortlich für die Unterdrückung der Bevölkerung. Eine personelle Verbindung zur Gestapo ergab sich auch, als 1934 **Rudolf Diels** für zwei Jahre Regierungspräsident wurde: Diels war in Berlin der erste Leiter und Organisator für die Gestapo gewesen, fiel aber in Ungnade, als Heinrich Himmler und Reinhard Heydrich in die Leitung der Gestapo drängten, und wurde von Göring nach Köln wegbefördert.

Hans Elfgen (oben)
Rudolf Diels (unten)

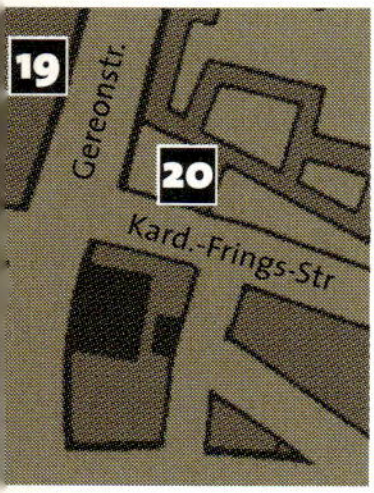

Die **Gestapo** hatte im übrigen zwischen dem 16. April 1934 und Dezember 1935 direkt neben dem Regierungspräsidium in der **18 Zeughausstraße 8** residiert, als sie aus dem Polizeipräsidium ausgezogen war und das EL-DE-Haus noch nicht beziehen konnte.

Über den Kattenbug erreicht man schnell die Gereonstraße. Dort, in dem repräsentativen Bau mit der Nummer 21–23, in dem heute ein Bankhaus residiert, war bis etwa 1936 die **19 NSDAP-Kreisleitung Köln-Stadt linksrheinisch Nord** untergebracht, in der 28 Ortsgruppen der Partei organisiert waren. Die Kreisleitung zog dann zum Deutschen Ring 15 um, heute Theodor-Heuss-Ring, und 1942 wurde sie mit den anderen Kreisleitungen der Stadt zusammengefaßt.

GESCHÄFTSSTELLEN DER NSDAP-ORTSGRUPPEN AUF DEM GEBIET DER TOUR 1:

Aachener Straße 33:
Ortsgruppe Lützow *(1939)*
Albertusstraße 27:
Ortsgruppe Richmodis *(August 1933–Januar 1935)*
Albertusstraße 38:
Ortsgruppe Appellhofplatz *(1943)*
Antwerpener Straße 2a:
Ortsgruppe Brüsseler Platz *(1934)*
Antwerpener Straße 7:
Ortsgruppe Brüsseler Platz *(1933)*; Ortsgruppe Schlageter *(1933)*
Brückenstraße 2:
Ortsgruppe Alter Markt *(1939–1943)*
Brüsseler Straße 57:
Ortsgruppe Friesenplatz *(1936/37)*
Brüsseler Straße 70:
Ortsgruppe Brüsseler Platz *(30. Nov. 1937–1943)*
Burgmauer 26:
Ortsgruppe Appellhofplatz *(1939)*
Enggasse 3:
Ortsgruppe Appellhofplatz *(bis Juni 1934)*
Friesenwall 44–46:
Ortsgruppe Richmodis *(1945)*; Ortsgruppe Ehrenstraße *(1939–1943)*
Gereonshof 26:
Ortsgruppe Appellhofplatz *(ab Februar 1938)*
Im Klapperhof 1:
Ortsgruppe Appellhofplatz *(ab Juli 1939)*;
Ortsgruppe Palmstraße *(Okt. 1938–Mai 1939)*
Im Klapperhof 30:
Ortsgruppe Stadtgarten *(August–Okt. 1934)*
Limburger Straße 16:
Ortsgruppe Brüsseler Platz *(1935)*
Limburger Straße 18:
Ortsgruppe Brüsseler Platz *(1936–29. Nov. 1937)*;
Ortsgruppe Friesenplatz *(1939–1945)*
Lintgasse 16:
Ortsgruppe Alter Markt *(1945)*
Mittelstraße 3:
Ortsgruppe Richmodis *(Februar 1935–1938/39)*
Mohrenstraße 3:
Ortsgruppe Appellhofplatz *(Juni–Okt. 1934)*
Palmstraße 47:
Ortsgruppe Richmodis *(bis August 1933)*
Richmodstraße 9:
Ortsgruppe Richmodis *(1938/39–1943)*
Schwalbengasse 2:
Ortsgruppe Appellhofplatz *(1937)*
Spichernstraße 52:
Ortsgruppe Spangenberg *(Juni 1938–Januar 1939)*;
Ortsgruppe Stadtgarten *(1939–1943)*
Streitzeuggasse 22:
Ortsgruppe Groß-Köln (Köln-Dom) *(1933–April 1934)*
Unter Goldschmied 3:
Ortsgruppe Groß-Köln (Köln-Dom) *(Mai 1934–1937)*
Von-Werth-Straße 36:
Ortsgruppe Spangenberg *(Januar 1939–1945)*

[→*Vgl. S. 115–117*]

Vom Erzbistum gestiftet: Das **Edith Stein-Denkmal**

Auf dem **20 Maria-Ablaß-Platz** wurde am 17. Februar 1999 ein Denkmal zu Ehren von Edith Stein enthüllt, das vom Kölner Erzbistum in Auftrag gegeben wurde. Dieses Denkmal ist nicht unumstritten. Zuerst sollte es vor dem Generalvikariat des Bistums in der Marzellenstraße, auf städtischem Grund, aufgestellt werden. Da das Projekt aber künstlerisch und inhaltlich stark kritisiert wurde, erhielt die Kirche nicht die notwendige Genehmigung der Stadt, so daß das Bistum die Plastik auf eigenem Grund und Boden vor dem Priesterseminar und der Residenz des Kölner Erzbischofs aufstellen ließ. Wie schon anläßlich der Selig- und der späteren Heiligsprechung Edith Steins entbrannte die Kritik am Denkmal vor allem, weil viele befürchteten, daß das Schicksal der als Jüdin ermordeten Edith Stein zum christlichen Opfer umgedeutet werden sollte. [→*Vgl. zu Edith Stein S. 92/93*]

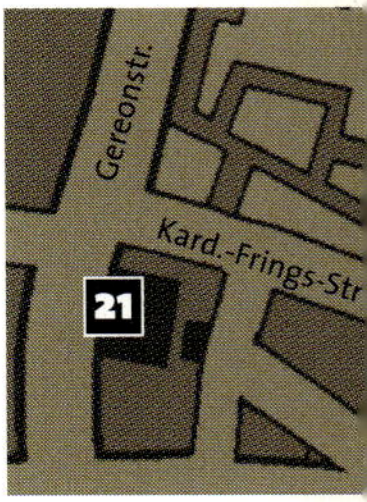

Die **21 Industrie- und Handelskammer** (IHK), die in der Kölner Bankenstraße »Unter Sachsenhausen« residiert, war in der NS-Zeit eng in die Wirtschaftspolitik des Regimes eingebunden. Ihr Präsident wurde nach der »Machtergreifung« der Kölner Bankier Kurt Freiherr von Schröder, der den Weg der Nationalsozialisten zur Macht geebnet hatte, indem er am 4. Januar 1933 in seiner Villa am Stadtwaldgürtel ein Geheimtreffen Hitlers mit dem damaligen Kanzler Franz von Papen organisierte.

Kurt Freiherr von Schröder

Die Industrie- und Handelskammer war ursprünglich zuständig für den Regierungsbezirk, 1935 wurde sie aber zum Sitz der Wirtschaftskammer Rheinland erweitert und am 1. Januar 1943 als Gauwirtschaftskammer Köln-Aachen zur

Nachfolgerin aller IHK, Handwerks- und Wirtschaftskammern dieses Gebiets. Der heutige Bau der IHK steht ungefähr auf dem Grundstück des älteren Palais des »Schaffhausenschen Bankvereins«, in dem die Kammer residierte.

Auf dem Weg durch die »Bankenmeile« in Richtung Dom erreicht man schnell die Marzellenstraße. In dem wuchtigen Eckbau »An den Dominikanern«/Ecke Marzellenstraße war in der NS-Zeit die **22 Gauleitung der Deutschen Arbeitsfront DAF** untergebracht. Das Haus war 1922-24 für die vereinten Filialen der »Darmstädter Bank für Handel und

Kaum verändert: in der früheren DAF-Zentrale sitzt heute das Sozialgericht

Industrie« und der »Nationalbank für Deutschland« errichtet worden. 1931 wurde aber dieses fusionierte Bankhaus geschlossen. Das Gebäude stand daraufhin zwei Jahre leer, bis 1933 die DAF das repräsentative Gebäude im Zentrum der Stadt bezog. Von der alten Baugestaltung zeugen noch die Eckaufbauten und die Eingangseinfassung des Hauses, in dem heute das Sozialgericht Köln arbeitet.

Die DAF war nach der Auflösung der Gewerkschaften im Mai 1933 die einzige Organisation der Arbeiter und Angestellten im Deutschen Reich. Die NSDAP beabsichtigte, die deutsche Arbeiterschaft durch die DAF vollständig zu vereinnahmen; in ihr sollten die traditionellen Unterschiede zwischen Arbeitern, Angestellten, Unternehmern und dem selbständigen Mittelstand aufgehoben werden. Das ideologische Konzept der »Volksgemeinschaft«, in der die einzelnen Schichten und Klassen der Gesellschaft im gemeinsamen Interesse des Volkswohls aufgehoben werden und sich dem Führer unterwerfen, sollte hier organisatorisch vorbereitet werden. Die DAF war die größte Massenorganisation des NS-Staates mit rund 25 Millionen Mitgliedern im Jahr 1942. Allerdings mußten diejenigen, die nicht in der DAF waren, auch mit erheblichen beruflichen und sozialen Nachteilen rechnen. Gegen konkurrierende Arbeitnehmerorganisationen wie die Kolpingfamilie oder die Katholische Arbeitnehmerbewegung KAB konnte sich die DAF vor allem durchsetzen, weil seit Oktober 1934 jede Doppelmitgliedschaft verboten war.

Seit 1934 war die DAF parallel zur NSDAP hierarchisch gegliedert. An ihrer Spitze stand der Reichsleiter Robert Ley, der in den zwanziger Jahren der Führer der NSDAP in Köln und im Rheinland gewesen war. Unterhalb dieser Reichsleitung gab es Gauführer, Kreisleiter, Ortsgruppen und schließlich auf unterster Ebene Betriebs- und Straßenzellen. Wie die NSDAP selbst bot die DAF also für eine große Zahl aktiver Mitglieder viele Karrieremöglichkeiten. Gauleiter der DAF in Köln war ab 1936/37 Richard Schaller, der gleichzeitig auch stellvertretender Gauleiter war. [→*Vgl. zu Schaller S. 77*]

Der Volkswagen als ideologische Waffe

Eine ganze Reihe von groß angelegten Initiativen der DAF war der nationalsozialistischen Idee der »Volksgemeinschaft« gewidmet. Vor allem die Freizeitorganisation **»Kraft durch Freude« KdF** ist hier zu nennen, die mit einem großen finanziellen Aufwand Theater, Sport und Reisen der Volksgenossen subventionierte. Das Ziel war die ideologische Kontrolle über die Freizeit der Deutschen, zugleich aber auch die Aufrechterhaltung der Leistungsfähigkeit der Arbeiter. Die Organisation der KdF wurde mit der Zeit so groß, daß sie in dem weitläufigen Gebäude der DAF nicht mehr unterzubringen war: 1937 residierte sie in der Zeppelinstraße 1–3 und ab 1941/42 im Hotel Eden in der Bahnhofstraße 1–3.

Im Krieg stellten sich viele Prestigeobjekte der KdF, die auch heute noch oft als ein Verdienst der Nationalsozialisten betrachtet werden, schnell als kriegstauglich heraus: Die Passagierschiffe wurden als Truppentransporter eingesetzt, der »Käfer«, entstanden als KdF-Automobil, wurde zum Kübelwagen der Wehrmacht umgebaut.

Gleich um die Ecke, in der Marzellenstraße, steht **23** **St. Mariä Himmelfahrt**, als Kölns größte Barockkirche ohnehin eine Besichtigung wert. Hier predigte am 28. Oktober 1934 der Jesuitenpater **Josef Spieker**, der in seiner Ansprache von Jesus Christus als »Führer« geredet haben soll – in einer Predigt eigentlich nicht sensationell, aber in der Wortwahl doch deutlich distanziert gegenüber dem NS-Regime. Für einen Studienrat unter den Zuhörern war die Predigt ein unerträglicher Angriff auf die Reichsregierung und er denunzierte den Pater. Der »Fall Spieker«, wie er sich dann abspielte, war ein böses Beispiel für die willkürliche Praxis von Gestapo und Sondergerichten in der NS-Zeit, aber auch für die Macht der Denunzianten.

Pater **Josef Spieker** im Gefängnis Wittlich

Spieker wurde am 19. November 1934 von der Gestapo verhaftet und kam zehn Tage später als Schutzhäftling in den Klingelpütz. Anfang Dezember wurde er entlassen, war aber im März 1935 noch weitere zwei Mal im Klingelpütz inhaftiert. Am 11. März 1935 wurde Spieker vom Sondergericht Köln in einem Verfahren wegen »Heimtücke« freigesprochen, einen Tag später aber erneut von der Gestapo in »Schutzhaft« genommen. Bis Ende April 1935 saß er wieder im Klingelpütz, dann wurde er nach Berlin in das KZ Börgermoor überstellt, wo er bis zum Januar 1936 eingesperrt blieb. Dann wurde er wieder nach Köln gebracht und zum zweiten Mal vor das Sondergericht gestellt, das ihn jetzt wegen Verstoßes gegen den »Kanzelparagraphen« zu 15 Monaten Gefängnis verurteilte – immer noch wegen des gleichen »Vergehens« vom 28. Oktober 1934. Den entsprechenden Paragraphen 130a des Strafgesetzes gab es seit 1871; er entstammte dem Kulturkampf des Bismarckreiches gegen die katholische Kirche. Nach ihm war es Geistlichen verboten, sich in einer »den öffentlichen Frieden gefährdenden« Weise über staatliche Angelegenheiten zu äußern. Die Nationalsozialisten nutzten diesen dehnbar formulierten »Kanzelparagraphen« sehr oft, um gegen kritische Geistliche vorzugehen.

Bis zum 19. Februar 1937 war Spieker im Strafgefangenenlager Emsland, im Klingelpütz und in Wittlich inhaftiert. Im März/April 1937 gelang ihm schließlich die Flucht in die Niederlande, und von dort emigrierte er nach Chile. Erst 1950 kehrte er nach Deutschland zurück.

Im benachbarten **24** **Generalvikariat**, der Verwaltungszentrale des Kölner Erzbistums, arbeiteten bereits seit 1933, also von Beginn des NS-Regimes an, zwei Abteilungen an der ideologischen Auseinandersetzung mit dem Nationalsozialismus. In der »Bischöflichen Hauptstelle« versuchte die katholische Kirche vor allem, das kirchliche Schulwesen gegen die Auflösungsabsichten der Nationalsozialisten zu verteidigen; im Rheinland insgesamt nicht ohne Erfolg.

Der Kölner Domvikar **Josef Teusch**

Auffälliger als diese Hauptstelle arbeitete aber die 1934 gegründete »Abwehrstelle gegen die antichristliche nationalsozialistische Propaganda«. Unter der Leitung des Kölner Domvikars **Josef Teusch** versuchte diese Abteilung mit einer Vielzahl von Broschüren und Büchern – den sogenannten **Teusch-Schriften** – eine Auseinandersetzung mit

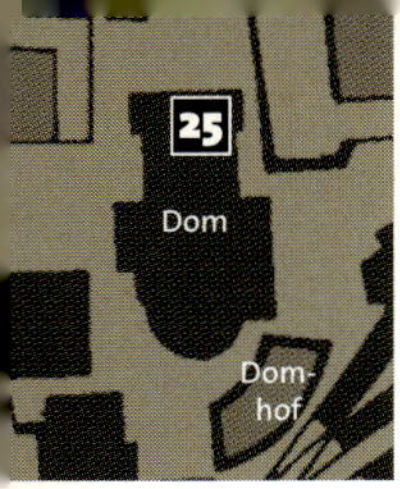

der nationalsozialistischen Ideologie von einem ausdrücklich katholischen Standpunkt aus zu begründen. Teusch veröffentlichte etwa zwanzig Broschüren mit einer geschätzten Gesamtauflage von 17 Millionen Exemplaren. Sehr viele freiwillige Helfer verteilten die Hefte und beteiligten sich damit an einer Aktion, die immer vom Zugriff der Gestapo bedroht war.

Ein weiterer Schwerpunkt lag in der Jugendarbeit. Eigens ins Leben gerufene »Bekenntnisfeiern« sollten für katholische Jugendliche eine sinnvolle Alternative zur HJ und ihrem ideologischen Standpunkt sein. Auf einem ausdrücklich religiösen Feld wurde auf diese Weise ein kleiner Freiraum in der nationalsozialistisch bestimmten Gesellschaft behauptet.

Am **25** **Dom** erinnert eine provisorisch gemauerte **Backsteinplombe** im Nordturm an einen der zahlreichen Bombentreffer, die die Kathedrale im 2. Weltkrieg beschädigten – ein mahnendes Symbol für die Schrecken des Krieges. Die Tage dieser berühmten Domplombe sind jetzt allerdings gezählt, denn es ist geplant, den Domturm zu restaurieren und seinen ursprünglichen Zustand wiederherzustellen. Diese Idee ist aber nicht unumstritten; und da seit dem schweren Bombentreffer mittlerweile genausoviel Zeit vergangen ist wie zwischen der gefeierten Domvollendung im Jahr 1880 und dem 2. Weltkrieg, kann man mit guten Gründen auch darauf beharren, daß die Backsteinplombe zum Dom gehört.

Nur schwer lassen sich die begeisterten Kölner zurückhalten, als Hitler 1936 vor dem Dom erscheint

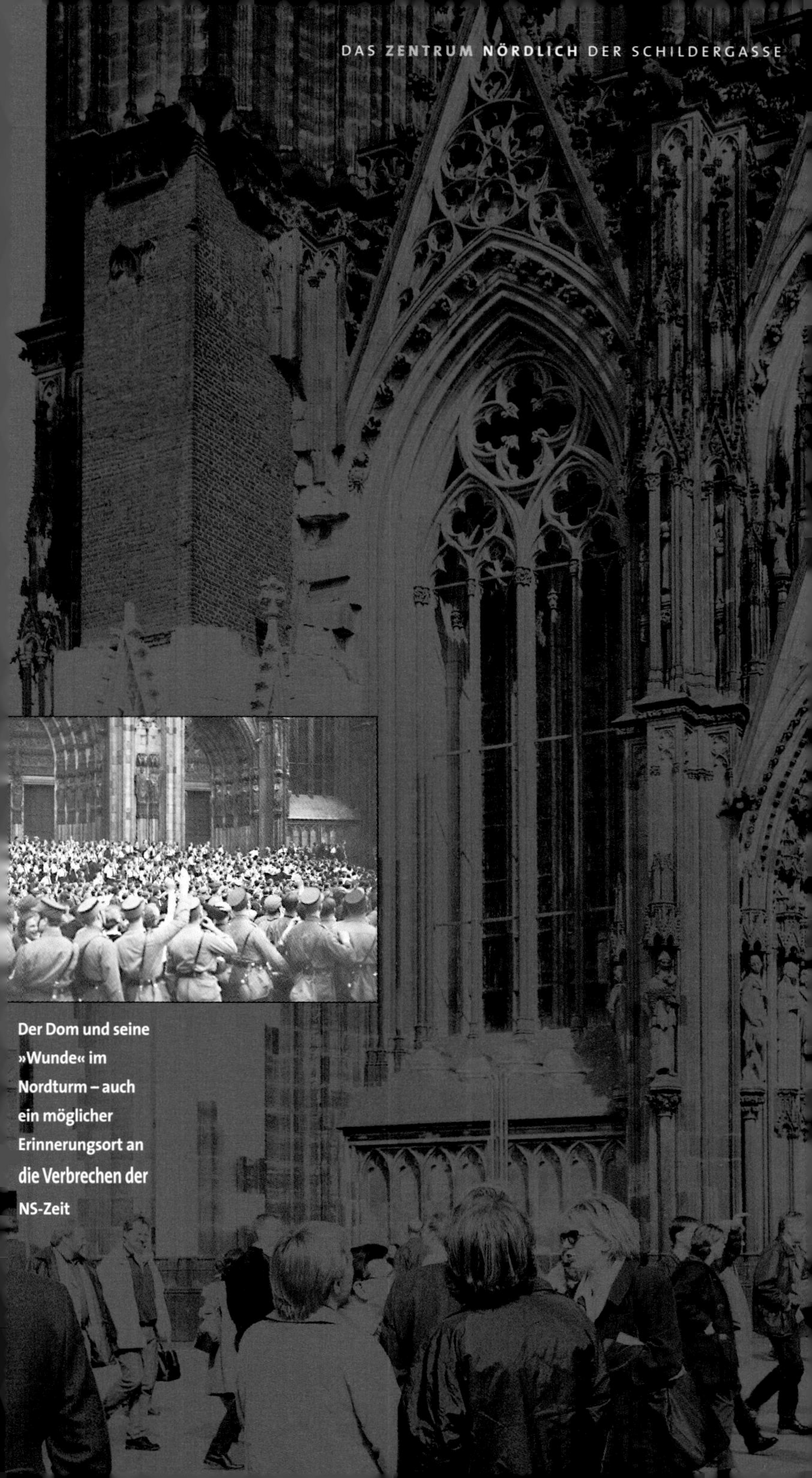

Der Dom und seine »Wunde« im Nordturm – auch ein möglicher Erinnerungsort an die Verbrechen der NS-Zeit

Die Geschichte der Domplombe könnte übrigens selbst ein weiterer Grund für ihre Erhaltung sein. Am 3. November 1943 hatte eine Bombe den Turm so schwer getroffen, daß eine ernste Einsturzgefahr bestand. Bislang ging man immer davon aus, daß auf Bitten des Dombaumeisters ein Porzer Pionier-Ausbildungsbataillon trotz der ablehnenden Befehle ihrer übergeordneten Führung die Ziegelmauer eingesetzt habe. Der zuständige Offizier Paul Börger, später Leiter des naturwissenschaftlichen Gymnasiums in Köln-Mülheim, wurde als der Retter des Domes gefeiert. Neuerdings hat sich aber herausgestellt, daß am 5. November 1943 ein Kölner Bauunternehmer den Auftrag zur Sicherung des Domturmes bekommen hatte; ihm wurden für diese Arbeiten auch zehn Kriegsgefangene und fünfzehn »KZ-Leute« zur Verfügung gestellt, wie ein Protokoll des Dombaumeisters vermerkt. Die Domplombe kann daher auch als ein Mahnmal gelten, das im innersten Zentrum der Stadt an das Schicksal der vielen Tausend Arbeitssklaven erinnert, die in Köln eingesetzt waren.

Am **Rheinufer**, kurz vor der Hohenzollernbrücke, steht eine der jüngeren Gedenktafeln für die Opfer des Nationalsozialismus. Sie erinnert an eine bislang weitgehend verschwiegene große Gruppe von NS-Opfern, **die Homosexuellen**. Auf einer **26** dreieckigen **rosafarbenen Marmorplatte**, die die Kennzeichnung für Homosexuelle in den Konzentrationslagern zitiert, steht als Gedenktext:

> Totgeschlagen – Totgeschwiegen
> Den schwulen und lesbischen Opfern
> des Nationalsozialismus

Bislang gibt es in ganz Europa kaum Gedenktafeln, die an die homosexuellen Opfer der NS-Zeit erinnern; nur in Bologna, Amsterdam und Berlin stehen vergleichbare Denkmäler. Außergewöhnlich ist das Kölner Mahnmal aber nicht nur aus diesem Grund, sondern vor allem, weil es die schwul-lesbische Selbstbezeichnung übernimmt und nicht »von außen« über die Homosexuellen spricht.

In den Jahren der Weimarer Republik hatte sich in Köln wie in anderen größeren Städten des Reiches und vor allem in Berlin ein rege schwul-lesbische Subkultur entwickelt.

Das Denkmal für die ermordeten Schwulen und Lesben

Der § 175 des Strafgesetzbuchs verbot grundsätzlich alle gleichgeschlechtlichen Beziehungen – und wurde übrigens erst 1994 endgültig abgeschafft, nachdem er bereits in den sechziger Jahren auf eine verschärfte Minderjährigkeitsregelung beschränkt wurde. Die eher liberale Auslegung des »Homosexuellenparagraphen« führte in den Zwanziger Jahren dazu, daß die »Verzauberten«, wie sich viele Homosexuelle nannten, auch öffentlich in Erscheinung treten konnten. So entstand in Köln eine Reihe von Lokalen und Clubs, in denen sich die Schwulenszene treffen konnte; das bekannteste dieser Lokale war das »Dornröschen« in der Friedrichstraße.

Die Nationalsozialisten gingen sofort nach der »Machtergreifung« rigoros gegen die Schwulen- und Lesbenszene

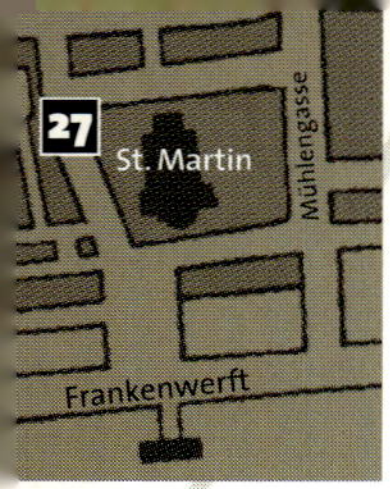

vor. Sämtliche Lokale wurden am Aschermittwoch des Jahres 1933 geschlossen, und danach blieben den Homosexuellen nur die herkömmlichen anonymen Orte, um sich zu treffen. Meist waren dies Parks, Schwimmbäder oder die berüchtigten »Klappen«, die öffentlichen Bedürfnisanstalten, wo die Schwulen Kontakte knüpfen konnten. Hier, wo das Schwulen- und Lesbendenkmal aufgestellt wurde, am Rheinufer zwischen Hohenzollernbrücke und Bastei, war einer dieser verborgen-öffentlichen Treffpunkte der Homosexuellen.

Die Homosexuellen waren hier ständig davon bedroht, von der Polizei aufgegriffen zu werden, die die Treffpunkte kannte und beobachtete. Die Kriminalpolizei hatte zur »Bekämpfung« der Homosexuellen, der Bettler, der Prostituierten und anderer »Asozialer« das Konzept einer »vorbeugenden Verbrechensbekämpfung« entwickelt, das sie rigoros einsetzte. Die Betroffenen wurden in »Vorbeugungshaft« genommen und häufig in die Konzentrationslager verschleppt. Dort wurden die Homosexuellen mit rosa Dreiecken gekennzeichnet, mit jenem Zeichen, das im Denkmal für die homosexuellen Opfer symbolisch aufgegriffen wird. [→*Vgl. zur Kriminalpolizei S. 93–95*]

Der Weg durch die Innenstadt in der NS-Zeit endet in der **27 Altstadt** und im Martinsviertel. Die Umgestaltung der historischen Altstadt Kölns rund um die romanische Kirche St. Martin gehörte zu den wenigen städtebaulichen Projekten der Nationalsozialisten, die tatsächlich verwirklicht wurden; noch heute bestimmt die Sanierung der dreißiger Jahre das Bild dieses Stadtkerns.

Bis in die zwanziger Jahre war dieser Kernbezirk der Stadt immer stärker verelendet; die aufstrebende Neustadt und der Bau des Bahnhofs nördlich des Doms hatten die Altstadt an den Rand der städtischen Entwicklung gedrängt. Die Bausubstanz der kleinen und engen Häuser verschlechterte sich dramatisch, und die hygienischen Bedingungen entwickelten sich katastrophal. Wer es sich leisten konnte, zog weg von hier, und so blieben vor allem diejenigen in der Altstadt, die sich nichts anderes leisten konnten. Für die Ordnungsbehörden der Stadt Köln entstand auf diese Weise ein Milieu »asozialer Elemente«, das durch eine umfassende Sanierung zurückgedrängt werden sollte. Die Pläne zu

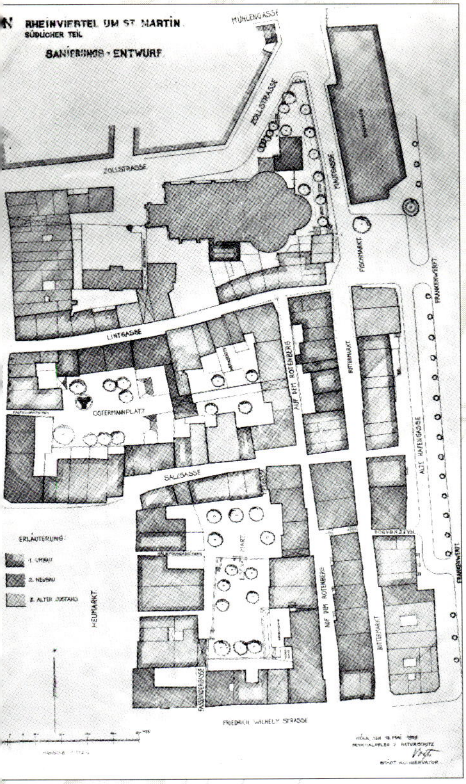

Kernsanierung 1936: Die Planung für das Martinsviertel

dieser Sanierung entstanden bereits in der Amtszeit Adenauers und waren damals schon mit einer sozialen Zielsetzung verbunden, die sich gegen das Armuts- und Kriminalitätsmilieu richtete. Verwirklicht wurde die Sanierung aber erst durch die Nationalsozialisten, die im Jahr 1935 die Idee einer sozialen Aufwertung des Viertels in ihrem eigenen ideologischen Sinne aufgriffen: Der Vertreibungs- und Vernichtungskampf gegen die »Asozialen« wurde im Martinsviertel von den NS-Herrschern auch städtebaulich geführt.

Interessanterweise wurden dabei die älteren Pläne kaum verändert. Durch die Entkernung und die Zusammenlegung benachbarter Häuser, durch zahlreiche Neubauten nach historischem Vorbild und die gleichzeitige Beibehaltung der historischen Straßenzüge wurde eine mustergültige Altstadt entwickelt, die an ein idealtypisches »deutsches« Mittelalter erinnern sollte. Erst im Zusammenhang der weiteren nationalsozialistischen Ausbaupläne für Köln wird aber die besondere Funktion der Altstadt deutlich: Inmitten der »modernen« NS-Stadt mit ihren gigantischen Aufmarschstraßen und dem Deutzer Gauforum sollte die »putzige« Altstadt eine vermeintliche altdeutsche Tradition des NS-Staates aufzeigen. [→*Vgl. zur Stadtplanung S. 61/62, S. 132–134, S. 70/71*]

Der Neuaufbau der Altstadt nach 1945 orientierte sich schließlich weitgehend an dem sanierten Zustand der dreißiger Jahre, so daß die heutige Altstadt zugleich ein Produkt der Aufbaumaßnahmen der Nachkriegszeit und der Sanierung in der NS-Zeit ist.

Durch das Zentrum Kölns südlich der Schildergasse

St. Alban und das »Trauernde Elternpaar« – Mahnmal gegen den Krieg

Der zweite Weg zu den Stätten der NS-Herrschaft in der Kölner Innenstadt und zu jenen Orten, die an diese Zeit erinnern, beginnt wieder in der Altstadt. Die Kirche **1 St. Alban** war im 2. Weltkrieg zerstört worden, und ihre Ruine blieb als mahnendes Zeichen im Zentrum der Stadt stehen. Im Inneren dieser Ruine wurde im Jahr 1959 die Skulptur »Trauerndes Elternpaar« von Käthe Kollwitz aufgestellt. Die beiden Figuren erinnern dort eindringlich an die Opfer und die Leiden des Krieges. [→*Vgl. S. 47*]

Käthe Kollwitz hatte die Skulptur zur Erinnerung an ihren Sohn geschaffen, der im 1. Weltkrieg gefallen war; sie wurde 1932 auf dem belgischen Soldatenfriedhof Roggenvelde aufgestellt, auf dem ihr Sohn beerdigt ist. In Köln stehen Kopien der Figuren, die in der Werkstatt des Kölner Bildhauers Ewald Mataré hergestellt wurden.

Die stillen, gebetsartig in sich gekehrten Figuren vermitteln den Eindruck einer tiefen, einsamen Trauer, und das Mahnmal in St. Alban macht auf diese Weise deutlich, daß der Krieg für jeden Menschen eine tiefe existentielle Katastrophe bedeutet. Durch die betende Haltung der Figuren und durch den Aufstellungsort in der Kirchenruine wird diese Trauer aber zugleich religiös aufgefangen. Im Leiden soll sich der Mensch an Gott wenden, um auf diese Weise Trost zu suchen. Mit dieser existentiellen und zugleich religiösen Sicht auf den Krieg entsprach das Denkmal einem weit verbreiteten Gefühl nach 1945; die Überlebenden des Krieges suchten weniger nach einer rationalen Erklärung

Fortsetzung S. 61

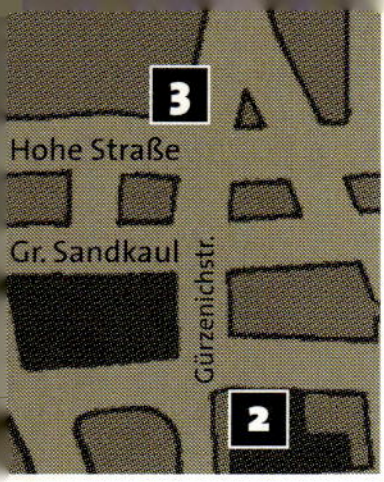

als nach einem Sinn des unbegreiflichen Leids, der es ihnen ermöglichen sollte, damit weiterzuleben.

Im Lauf der Jahrzehnte wurde dieses Bedürfnis der Sinnsuche nach und nach durch andere Formen der Erinnerung ersetzt. Nicht mehr der Krieg, sondern immer häufiger die Opfer der Nationalsozialisten stehen jetzt im Mittelpunkt, und die Erinnerung an ihre Leiden dient auch dazu, eine Wiederholung solcher Verbrechen zu verhindern. Mit dem »Stolperstein« am Rathaus etwa ist eine solche pädagogische Absicht verbunden. [→*Vgl. S. 12/13*]

28.3.1936: Die Kölner empfangen Hitler am Gürzenich

Der benachbarte **2 Gürzenich**, Kölns »gute Stube«, war selbstverständlich auch für die Nationalsozialisten eine beliebte Adresse, um im Herzen der Stadt ihre propagandistischen Veranstaltungen durchzuführen. So fand hier beispielsweise am 19. Februar 1934 ein Kongreß der Kölner Gauabteilung des »Bundes nationalsozialistischer deutscher Juristen« statt, auf dem Hans Frank, der führende Jurist und Vordenker der Nationalsozialisten sowie der bis heute umstrittene Staatsrechtler Carl Schmitt versuchten, die örtlichen Juristen mit Vorträgen über »Nationalsozialismus und Rechtsstaat« auf die neue Rechtsauslegung der Nationalsozialisten einzuschwören.

Hitler im Gürzenich

Am 28. März 1936 sprach **Hitler** im Gürzenich. Er war nach Köln gekommen, nachdem die deutsche Wehrmacht am 7. März 1936 in das seit 1918 entmilitarisierte Rheinland einmarschiert war. Der »Führer« wurde aus diesem Grund frenetisch als »Befreier« gefeiert und von hunderttausend Kölnern begeistert empfangen. Auf der »Feierstunde« im Gürzenich huldigten ihm die »rheinischen Stände« ergeben; diese »Stände« waren Abordnungen der »befreiten« Städte sowie Vertreter von Wirtschaft, Kultur und Gesellschaft im Rheinland. Mit der mittelalterlichen Bezeichnung »Stände« versuchten die Nationalsozialisten, an alte, vermeintlich deutsche Traditionen anzuknüpfen. Schon die Ernennung Kölns zur »Hansestadt« am 1. Oktober 1935 oder die Neugestaltung des Martinsviertels sollte eine solche Beziehung zur alten Geschichte des deutschen Reiches herstellen. [→*Vgl. S. 38/39*]

An der Ecke Schildergasse / Hohe Straße steht der repräsentative klassizistische Bau des **3** **»Kaufhof«**, der in den Jahren 1912–1914 nach Plänen des Architekten Wilhelm Kreis erbaut wurde. Auf vier Etagen beherbergte das Gebäude schon früher eines der größten Kaufhäuser Deutschlands, das Warenhaus Tietz.

Gründer dieser erfolgreichen und wegweisenden Geschäftskette war **Leonard Tietz**, der seit 1879 einen kleinen Laden in Stralsund besaß, dann aber im Jahr 1889 nach Elberfeld umzog, um dort sein erstes Kaufhaus zu betreiben. Im Jahr 1891 kam eine Filiale in Köln hinzu, wo Tietz schließlich 1902 in einer großzügigen Passage an der Hohe Straße erstmals ein Geschäft mit einem vollständigen Warenhaussortiment eröffnete. Der 1914 fertiggestellte Neubau an der Schildergasse war der krönende Abschluß des Lebenswerks von Leonhard Tietz, der noch im selben Jahr starb.

Bereits 1905 hatte er seine Warenhauskette, die damals in zwölf Städten vertreten war, in eine Aktiengesellschaft umgewandelt. Die Leonhard-Tietz AG entwickelte sich überaus erfolgreich: Im Jahr 1929 beschäftigte sie rund 15 000 Mitarbeiter in ihren Filialen, die überall in Deutschland zu finden waren. Die Erfolgsgeschichte des Familienunternehmens wurde im Jahr 1933 abrupt beendet, einzig aus einem Grund: Die Familie Tietz war jüdischen Glaubens.

Das Kaufhaus Tietz gehörte zu den ersten arisierten Unternehmen jüdischer Besitzer in Köln. Die massive antijüdische Propaganda der NS-Presse, vor allem im Zusammenhang mit dem »Boykott-Tag« am 1. April 1933, führte zu schweren Geschäftseinbußen; die meisten Kölner kauften jetzt tatsächlich nicht mehr »beim Juden« ein. Der Aktienkurs von Tietz brach rapide von 300 % auf etwa 11 % ein. Noch im April wurden die jüdischen Besitzer der Aktiengesellschaft, die jüdischen Vorstandsmitglieder und die jüdischen Aufsichtsratsmitglieder entlassen und durch »Arier« ersetzt. Dann wurden alle leitenden Angestellten, die Juden waren, entlassen und die Familie Tietz, bis dahin Inhaberin der Aktienmehrheit, verlor ihre Anteile. Die Firma wurde schließlich am 11. Juli 1933 in »Westdeutsche Kaufhof AG« umbenannt. Die Warenhäuser hatten damit ihren bis heute gültigen Namen – das Ergebnis einer zügigen »Arisierung« innerhalb weniger Monate. Die Angehörigen der Familie Tietz überlebten die NS-Zeit im Exil.

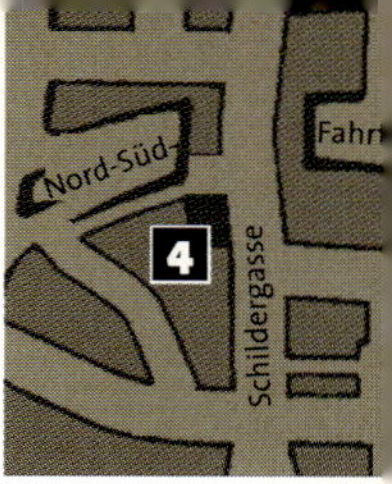

Die Schildergasse hinauf, auf halbem Weg zum Neumarkt, steht die evangelische **4 Antoniterkirche**. Sie wurde im 14. Jahrhundert als Kirche des Antoniterordens errichtet und 1802 von Napoleon im Zusammenhang der Säkularisation den Protestanten übergeben. Seit 1952 hängt in der Kirche zur Erinnerung an die Gefallenen der beiden Weltkriege der »Schwebende« oder auch »Todesengel« von Ernst Barlach. Das Original dieser Plastik, die übrigens die Gesichtszüge von Käthe Kollwitz trägt, hing seit 1927 als Mahnmal für die Toten des 1. Weltkriegs im Dom von Güstrow in Mecklenburg. 1936 wurde die Figur von den Nationalsozialisten als »entartete Kunst« abgehängt und später für Kriegszwecke eingeschmolzen. In der Antoniterkirche hängt ein Zweitguß, der nur durch glückliche Umstände NS-Zeit und Krieg überstand. Heute hängt auch im Güstrower Dom wieder der »Gefallene Engel« in einer Kopie, die nach einem Abdruck der Kölner Plastik hergestellt wurde. Ein weiterer Abdruck befindet sich seit 1987 im schleswig-holsteinischen Landesmuseum in Schloß Gottorf.

Der »Todesengel« – ein Mahnmal gegen den Krieg wie die Kollwitz-Figuren in St.Alban

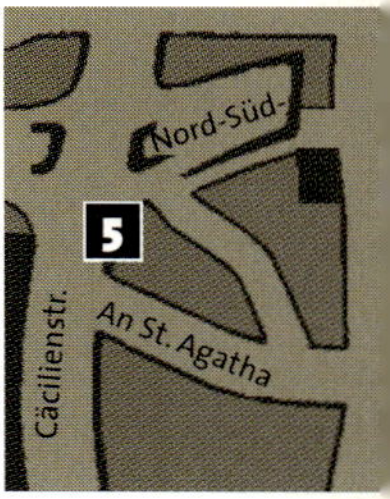

Durch den Bau der Nord-Süd-Fahrt wurde das Haus Cäcilienstraße 18–22 völlig beseitigt, in dem seit Beginn des Jahrhunderts die **5 jüdische Rheinlandloge** ihr Domizil hatte. Die Loge war ursprünglich ein Zentrum der assimilationswilligen Juden in Köln, sie wurde aber ab 1933 immer mehr ein kulturelles und gesellschaftliches Zentrum aller noch in Köln lebenden jüdischen Einwohner. 1935 wurde das Haus zum Gemeindezentrum umgebaut, und nach dem Novemberpogrom von 1938 und der Zerstörung der Synagogen fanden hier auch die Gottesdienste der Gemeinde statt. In den Jahren 1941 und 1942 wurde das Gebäude von den Nationalsozialisten zum Ghettohaus bestimmt, in dem viele Juden zusammengepfercht wurden. Im Krieg wurde der Bau zerstört und später nicht wieder aufgebaut, da das Gelände ohnehin für die Nord-Süd-Fahrt benötigt wurde.

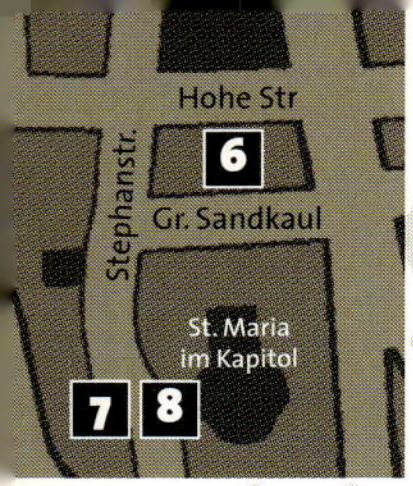

In der Hohe Straße, allerdings jenseits der Cäcilienstraße, war im Haus Nr. 12 eine **6 kommunistische Druckerei** versteckt, die in den ersten Monaten nach der »Machtergreifung« unzählige Flugblätter und Broschüren druckte, die den kommunistischen Widerstand gegen die Nationalsozialisten unterstützen sollten. Mitte Oktober 1933 wurde die Druckerei jedoch entdeckt und von der Gestapo ausgehoben. Damit teilte sie das Schicksal nahezu aller kommunistischer Widerstandsgruppen.

Vernichtender Schlag gegen den Kommunismus

Kölner Geheimdruckerei aufgeflogen — Zahlreiche Funktionäre verhaftet

Köln, 14. Oktober.

In den Abendstunden des 12. Oktober 1933 wurde in einem Hause an der Hohen Straße eine kommunistische Geheimdruckerei ausgehoben. In dieser Druckerei sind nach dem vorgefundenen Material die in letzter Zeit in Köln und Umgebung zur Verbreitung gelangten kommunistischen Hetzschriften und Flugblätter hergestellt worden. Vorgefunden wurden: Eine Schreibmaschine, zwei Vervielfältigungsapparate, Druckmaterialien sowie 12000 Bogen Saugpostpapier. Außerdem befanden sich in dem Raume mehrere Tausend frisch gedruckte kommunistische Hetzschriften und Flugblätter. Sechs Personen, die dringend verdächtig erscheinen, an der Herstellung und dem Druck dieser Hetzschriften beteiligt gewesen zu sein, wurden festgenommen. Unter den Festgenommenen befindet sich auch ein Mitglied der kommunistischen Bezirksleitung für den Mittelrhein und ein wegen Vorbereitung zum Hochverrat gesuchter kommunistischer Funktionär.

Unabhängig von dieser Sache wurden kurze Zeit später in Köln-Ehrenfeld und Köln-Lindenthal mehrere Personen beim Verbreiten kommunistischer Hetzschriften betroffen und festgenommen. Gegen die beteiligten Personen ist ein Strafverfahren wegen Vorbereitung zum Hochverrat eingeleitet worden. Die Festgenommenen werden nach Abschluß der Ermittlungen unverzüglich einem Konzentrationslager zugeführt.

Am Freitagnachmittag wurde in einem bei einem rechtsrheinischen Vorort gelegenen Schrebergarten ein Gewehr, vier Karabiner, eine Leuchtpistole und 500 Schuß Infanteriemunition ein Meter tief in die Erde vergraben vorgefunden. Die Waffen sowie die Munition, die sorgfältig eingefettet und verpackt waren, befanden sich noch in gutem, gebrauchsfertigem Zustand. Die Waffen, die beim gewaltsamen Umsturz Verwendung finden sollten, wurden von bekannten Kommunisten an dem Fundort verborgen gehalten. Die Täter, die festgenommen wurden, sehen ihrer verdienten Strafe entgegen.

So triumphierten die Nationalsozialisten in ihrem »Westdeutschen Beobachter«

In den ersten Jahren der NS-Diktatur waren die Kommunisten die am meisten verfolgte Gruppe der Opposition. Ihr Widerstand blieb allerdings auf kleine, kaum miteinander verbundene Gruppen beschränkt. Vor allem mit Broschüren, Zeitschriften und Handzetteln sollte die Bevölkerung über den wahren Charakter des nationalsozialistischen Regimes aufgeklärt werden. Die einzelnen kommunistischen Widerstandsgruppen wurden meistens schnell von der Gestapo aufgedeckt und ihre Mitglieder brutal bestraft. Zwischen 1934 und 1938 fanden allein in Köln über hundert Prozesse gegen Kommunisten statt: Etwa dreiviertel aller Prozesse gegen den Widerstand in Köln betrafen KPD-Mitglieder. Bis 1936/37 war der kommunistische Widerstand in Köln endgültig von der Gestapo zerschlagen worden, und erst bei Kriegsende lebte er im »Nationalkomitee Freies Deutschland« wieder auf, in dem kommunistische und andere Gegner des NS-Regimes zusammenarbeiteten.

[*Vgl. auch Aquinostraße, S. 114/115*]

Die KPD blieb bis etwa 1935 davon überzeugt, daß das Ende der NS-Diktatur schnell und beinahe von selbst kommen würde. Nach Ansicht der Kommunisten war der Faschismus die radikale Form der kapitalistischen Gesellschaft, die ihr eigenes Ende damit selbst besiegeln würde. Da für die KPD auch die Sozialdemokraten zum kapitalistischen System gehörten, blockierte sie ein Zusammenarbeiten der Arbeiterparteien gegen die Nationalsozialisten – eine verhängnisvolle Schwächung der Opposition gegen Hitler.

Noch heute ein stiller Ort der Besinnung – der Lichhof

Auf dem **7 Lichhof**, an der Chorseite der romanischen Kirche St. Maria im Kapitol, wurde bereits im Jahr 1949 ein offizielles **»Kölner Totenmal«** zum Gedenken an die Gefallenen des 2. Weltkriegs aufgestellt. Es handelt sich um eine Plastik von Gerhard Marcks mit dem Titel »Trauernde«, auf deren Sockel die knappen Worte »Den Toten« die sprachlose Trauer der Überlebenden ausdrücken. Die 1946 entstandene Skulptur vermeidet jedes nationale oder kriegerische Pathos. Im Gegenteil: Als das fast drei Meter hohe Denkmal aufgestellt wurde, war die Kirche noch eine Ruine und sie blieb es für lange Zeit. Skulptur und Ruine bildeten gemeinsam ein eindringliches und stilles Mahnmal, ähnlich wie die »trauernden Eltern« von Käthe Kollwitz in der Ruine von St. Alban. Am Volkstrauertag werden auf dem Lichhof offizielle Gedenkveranstaltungen für die Toten der beiden Weltkriege abgehalten.

Die sehenswerte **8 Krypta von St. Maria im Kapitol** war in der NS-Zeit ein wichtiger Treffpunkt der katholischen Jugend Kölns. Die immer stärkere Beschränkung und Kontrolle der kirchlichen Jugendgruppen und die häufigen Zusammenstöße mit der HJ behinderten zwar die katholische Jugendarbeit, sie konnten sie aber nicht völlig unterdrücken. Für viele Kinder und Jugendliche bot die katholische Jugend eine Gegenwelt, in der sie dem ideologischen Druck der HJ entfliehen konnten. Die katholische Jugend-

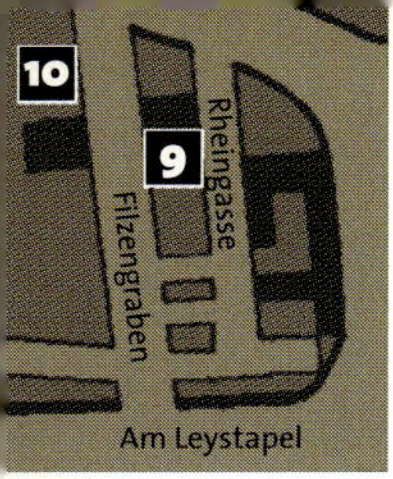

arbeit war in diesen Jahren vor allem von religiösen Aktivitäten geprägt; nicht nur, weil das NS-Regime nichts anderes zuließ. Die massenhaft besuchten »Bekenntnisstunden« im Dom, Gebetsstunden in den einzelnen Gemeinden und auch Wallfahrten wurden für die Jugendlichen zu wichtigen Erfahrungen, die von der nationalsozialistischen Propaganda frei blieben. St. Maria im Kapitol war ein Schwerpunkt dieser Entwicklung in Köln, weil hier der Stadtjugendseelsorger arbeitete. Dies ist bis heute so, und daher ist die Krypta von St. Maria im Kapitol nach wie vor ein wichtiger Treffpunkt für katholische Jugendliche geblieben.

Vom Lichhof geht es über einige Treppenstufen und über die breite Zufahrtsstraße zur Deutzer Brücke hinüber zum **9 Overstolzenhaus** in der Rheingasse 8. In dem Patrizierhaus aus dem 13. Jahrhundert war ab 1933 ein sogenanntes »Gemeinschaftshaus« der Nationalsozialistischen Volkswohlfahrt NSV mit Vortragssälen und Versammlungsräumen untergebracht. 1934 wurde im Dachgeschoß eine Rundfunkstation eingerichtet, die ihre Sendungen in Arbeitslosenheime in Köln und Umgebung übertrug. [→*Vgl. zur NSV S. 51–53*]
In der Parallelstraße, im **10 Filzengraben 4** direkt neben der Trinitatiskirche, befand sich vom 13. Juli 1930 bis zum Oktober 1932 die Geschäftsstelle des NSDAP-Gaus Köln. Zugleich war hier auch der Verlag des »Westdeutschen Beobachters« untergebracht, der im April 1933 in das von der SA besetzte Deutzer Druckhaus umzog, das Verlagshaus der sozialdemokratischen »Rheinische Zeitung«. [→*Vgl. S. 137–139*] Heute steht am Filzengraben 4 ein schmuckloser einstöckiger Bau aus der Nachkriegszeit.

Anfang der Dreißiger Jahre: Das Overstolzenhaus (kleines Bild) und die NSDAP-Parteizentrale am Filzengraben (großes Bild)

Der Umzug der Parteiorganisation von einer Wohnung am Ubierring [→*Vgl. S. 76–78*] in das Haus am Filzengraben war vor allem ein Ergebnis der Wahlen von 1930, die der NSDAP bedeutende Erfolge beschert hatten. Sie war jetzt keine radikale Minderheitenpartei mehr, sondern entwickelte sich zur radikalen Mehrheitspartei. Ihr gestiegenes Selbstbewußtsein drückte sich auch im neuen Parteisitz hier am Filzengraben aus.

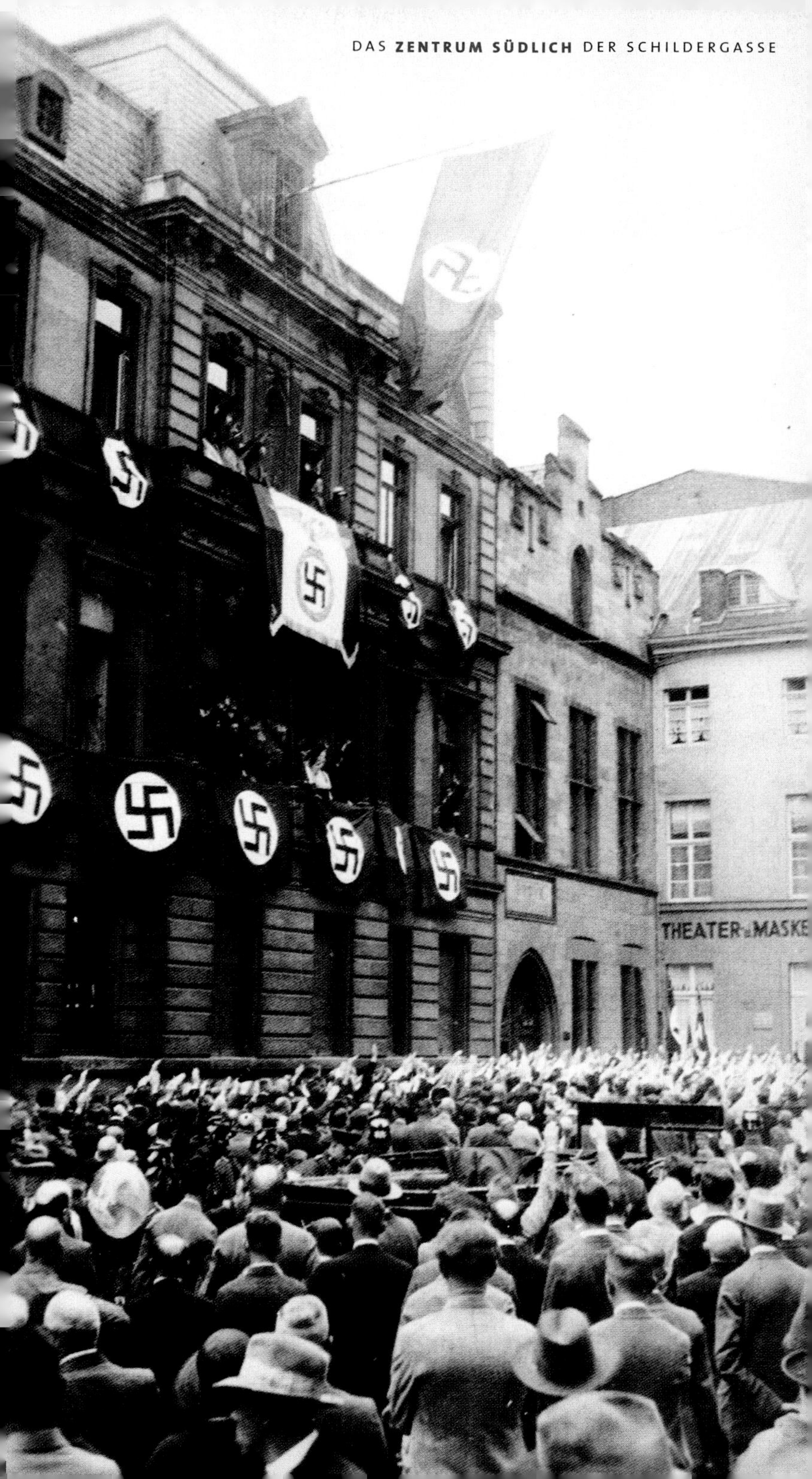
THEATER u. MASKE

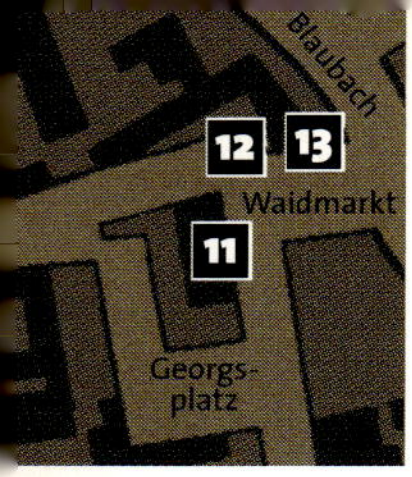

Durch die Georgstraße erreicht man bald eine weitere bedeutende romanische Kirche Kölns, **11 St. Georg**. In einem Innenhof der Kirche, gleich links neben dem Eingang, der in den Zwanziger Jahren als »Garten der Besinnung und des Friedens« angelegt wurde, befindet sich seit dem Kriegsende eine Reihe von Gräbern; notdürftig wurden hier zahlreiche Tote aus den umliegenden Straßen und Kellern beerdigt, nachdem die Umgebung und mit ihr die Kirche St. Georg beim letzten Fliegerangriff auf Köln am 2. März 1945 schwer getroffen wurde.

Ein sehr stiller Ort des Gedenkens – der Garten an St. Georg

Der kleine Friedhof führte die verschiedensten Bombenopfer zusammen. Drei junge ukrainische Zwangsarbeiterinnen, eine Italienerin, vier Ordensschwestern, der Pastor der Gemeinde, ein Soldat und andere wurden hier beigesetzt. Unter diesen Toten sind aber auch drei Gestapobeamte; sie gehörten offenbar zu einer Mannschaft, die einen Transport polnischer Zwangsarbeiter in das Konzentrationslager Buchenwald begleiten sollte. Ihr Grab ist gleich das erste in der Ecke des kleinen Gräberfeldes, nahe beim Eingang.
In Köln waren einige Männer des Gestapo-Begleittrupps an Fleckfieber erkrankt und wurden mit anderen Fleckfieberkranken in einem Bunker unter dem Georgsplatz untergebracht. Der damalige Caritasdirektor Karl Boskamp, der selbst die Beerdigungen vornahm, berichtet, daß einer der Gestapoleute auch zu jener Mannschaft gehörte, die im Januar 1945 den Buchenwaldtransport begleitete, mit dem der Präses des Kolpingwerks Heinrich Richter und der Kolping-Geschäftsführer Theodor Babilon deportiert wurden. [→*Vgl. S. 14/15*]

Beim 1000-Bomber-Angriff im Mai 1942 getroffen: Die Gauleitung der NSV

Vor dem gegenüberliegenden **12 Polizeipräsidium**, dessen Tage gezählt sind, weil die Behörde in ein neues Gebäude in Köln-Kalk umziehen wird, erinnert eine **Gedenkplatte** im Boden an das Schicksal von etwa 1 000 Roma und Sinti, die im Mai 1940 in die Vernichtungslager und Ghettos deportiert wurden. Die Kriminalpolizei war an dieser Vernichtungspolitik gegenüber den »Zigeunern« maßgeblich beteiligt. [→*Vgl. S. 122–124; zur Rolle der Polizei S. 58–60, S. 93–95*]

Wo das heutige Polizeipräsidium steht, befand sich ab August 1935 **13 die Gauleitung der »Nationalsozialistischen Volkswohlfahrt« NSV**, die vorher im Haus der AOK in der Machabäerstraße 19 residiert hatte. [→*Vgl. S. 104/105*] Ihre Adresse war allerdings nicht am Waidmarkt, sondern lautete Blaubach 1.

Die NSV war ursprünglich eine Organisation der NSDAP zur Unterstützung von in Not geratenen Parteimitgliedern; sie wurde aber nach der »Machtergreifung« schnell zu einem wichtigen Instrument der nationalsozialistischen Sozialpolitik. Die staatliche und parteiliche Sozialfürsorge verschmolzen immer stärker, was besonders deutlich wurde,

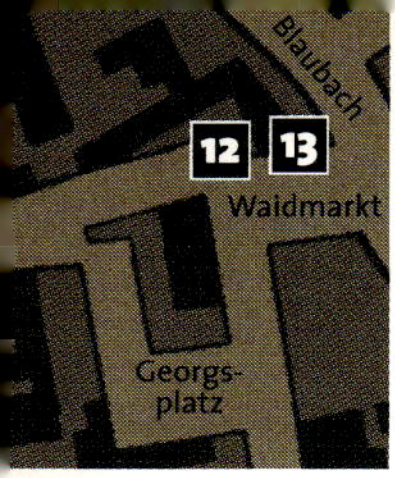

wenn dieselben Personen beide Funktionen ausübten. Die NSV sicherte ihre sozialpolitische Führungsrolle endgültig ab, als im März 1934 die freien Wohlfahrtsverbände wie die Caritas oder das Deutsche Rote Kreuz in einer von der NSV geführten »Reichsgemeinschaft« zusammengezwungen wurden. Damit waren alle Träger der freien Wohlfahrtspflege durch die NS-Organisation gleichgeschaltet.

Ziel der NSV war nicht die unparteiische Unterstützung aller Hilfsbedürftigen, vielmehr wählte sie die Empfänger ihrer Leistungen danach aus, ob sie politisch, rassisch oder erbbiologisch ›würdig‹ waren. Die Sozialpolitik stand auf diese Weise ganz im Dienst der NS-Ideologie der »Volksgemeinschaft«, zu der nicht jeder gehören durfte. Die Ausgeschlossenen konnten auf keine soziale Hilfe hoffen, und viele von ihnen wurden Opfer der Vernichtungsaktionen.

Das Winterhilfswerk und die Aktion »Schützt Mutter und Kind« im Dienst der NS-Propaganda

Die NSV und ihre Unterstützungsleistungen wurden durch Beiträge ihrer Mitglieder sowie durch die Einkünfte aus dem **Winterhilfswerk (WHW)** finanziert. Das Winterhilfswerk war bereits 1931/32 gemeinsam von den staatlichen Sozialfürsorgebehörden und den privaten Wohlfahrtsverbänden gegründet worden; Hintergrund war die steigende Armut und der Hunger während der Weltwirtschaftskrise im Winter 1931/32. Das WHW sammelte für Kleidung, Lebensmittel u.ä. und verteilte sie an die Bedürftigen. Im September 1933 initiierte die NSDAP erneut ein

Winterhilfswerk und band darin die Wohlfahrtsverbände wie die Caritas, das Rote Kreuz oder die Arbeiterwohlfahrt ein. Dadurch wirkte das WHW wie eine Initiative aller Wohlfahrtsorganisationen, es unterstand aber tatsächlich der NSV, in der die Verbände ohnehin gleichgeschaltet waren. Der Reichsleiter der NSV Erich Hilgenfeldt war gleichzeitig auch der Organisator des WHW.

Die Sammlungen des WHW waren im übrigen für die NS-Machthaber auch ein Kontrollinstrument, mit dem die Loyalität der »Volksgenossen« gegenüber dem Regime überprüft wurde. Wer sich weigerte, einen Beitrag zu den Sammlungen zu leisten, mußte damit rechnen, von der Parteileitung oder gar der Gestapo verwarnt zu werden. Auf diese Weise konnte man völlig unbescholten die Aufmerksamkeit des nationalsozialistischen Machtapparates auf sich ziehen.

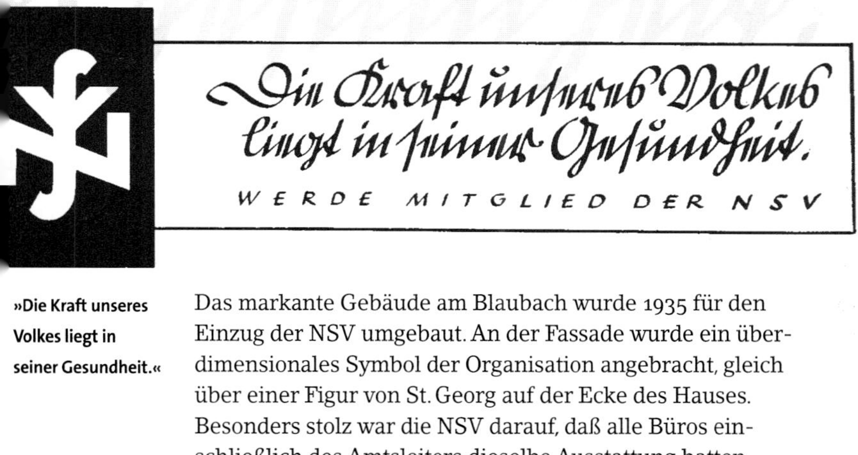

»Die Kraft unseres Volkes liegt in seiner Gesundheit.«

Das markante Gebäude am Blaubach wurde 1935 für den Einzug der NSV umgebaut. An der Fassade wurde ein überdimensionales Symbol der Organisation angebracht, gleich über einer Figur von St. Georg auf der Ecke des Hauses. Besonders stolz war die NSV darauf, daß alle Büros einschließlich des Amtsleiters dieselbe Ausstattung hatten. Der ideologische Anspruch der »Volksgemeinschaft« sollte sich hierin sinnfällig ausdrücken. Die NSV für den Gau Köln-Aachen wurde von **Richard Schaller** geleitet, der zugleich stellvertretender Gauleiter war und außerdem noch der Deutsche Arbeitsfront (DAF) im Gau sowie der Handwerker- und Handelsorganisation der Partei vorstand.
[→*Vgl. zu Schaller S. 77*]

Über die stark befahrene Neuköllner Straße hinüber erreicht man das **14 Griechenmarktviertel**. Das Viertel, vor dem Krieg eine Arme-Leute-Gegend, in der viele zugewanderte Juden aus Osteuropa und verarmte Roma- und Sintifamilien wohnten, war im Jahr 1944 wie viele andere Stadtgebiete großflächig zerbombt. Im November 1944 fand in der Umgebung des Großen Griechenmarkts ein **blutiger Kampf** von Gestapo und Polizeieinheiten mit einer schwer bewaffneten Widerstandsgruppe statt. Diese Gruppe hatte sich in den Kellern und Trümmern der zerstörten Häuser verschanzt und leistete erbitterten Widerstand gegen ihre Verhaftung, die für die meisten den sicheren Tod bedeutet hätte. Bei diesen Kämpfen starb unter anderem der damalige Leiter der Kölner Gestapostelle und SS-Sturmbannführer Max Hoffmann. Der Widerstand konnte schließlich nur dadurch gebrochen werden, daß die Keller in die Luft gesprengt wurden; sieben Männer starben dabei.

Das Griechenmarktviertel, heute ein schönes Beispiel für die Stadtarchitektur der fünfziger Jahre, war im Winter 1944/45 Schauplatz erbitterter Kämpfe zwischen Gestapo und Zwangsarbeitern

Im Herbst und Winter 1944 gab es in Köln eine ganze Reihe von bewaffneten Gruppen, die teils aus entflohenen Zwangsarbeitern, teils aus Jugendlichen aus dem Umkreis der Edelweißpiraten, teils auch aus Kommunisten des »Nationalkomitees Freies Deutschland« bestanden. Allen Gruppen gemeinsam war der Wille, in der völlig chaotischen Situation der letzten Kriegsmonate zu überleben, die von einem unbeschreiblichen und maßlosen Gestapo-Terror geprägt war. Widerstand und Selbstverteidigung waren in dieser Situation nahezu identisch. Besonders für viele Zwangsarbeiter aus Polen und der Sowjetunion war es ein Kampf ums Überleben, da die Gestapo jetzt willkürlich und unberechenbar unzählige Menschen tötete.

Für die Gestapo, die mit brutalen Sonderkommandos versuchte, ihre Herrschaft durchzusetzen, waren die Gruppen einfach »Banden«. Deren Bekämpfung hatten viele Beamte im Osteinsatz in den sogenannten »Einsatzgruppen« gelernt, wo die »Bandenbekämpfung« vor allem bedeutete, die jüdische Zivilbevölkerung planmäßig zu ermorden.
In Köln zählte die Gestapo rund zwanzig »Banden«, denen zahlreiche »Morde« zur Last gelegt wurden. In einem Bericht, den der Kölner Oberlandesgerichtspräsident im Januar 1945 an das Justizministerium in Berlin schickte, werden 29 Tote aufgelistet, darunter fünf politische Leiter,

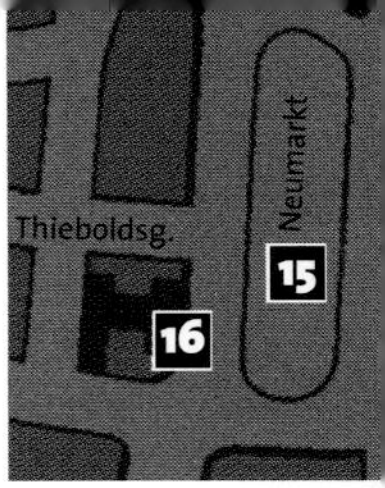

ein SA-Mann, ein HJ-Angehöriger und sechs Polizeibeamte, zu denen auch der erschossene Gestapochef Hoffmann gehörte. Der Bericht diente dazu, den »Erfolg« der »Bandenbekämpfung« zu beschreiben, denn alle Gruppen seien zerschlagen worden. Viele Mitglieder der einzelnen Gruppen wurden dabei ermordet.

Von hier aus geht der Weg zum **15 Neumarkt**. Hier wurden, wie an anderen öffentlichen Plätzen auch, zahlreiche Propagandaveranstaltungen der Nationalsozialisten abgehalten.

Hitler, auf dem Neumarkt von Tausenden Kölnern bejubelt

Bis 1939 saß das Gesundheitsamt in diesem Gebäude in der Cäcilienstraße 1

Am Neumarkt befindet sich auch das **16 Gesundheitsamt** der Stadt Köln. Bis 1939 war sein Sitz in der Cäcilienstraße 1. Das stattliche Gebäude an der Südseite des Neumarkts wurde 1907–1909 als Wohn- und Geschäftshaus der »Aktiengesellschaft Gebrüder Bing Söhne« gebaut, einem Großhandel für Seidenstoffe. In diesem Gebäude der jüdischen Firma saßen noch bis 1939 einige jüdische Textilfirmen, obwohl das Haus nach der Reichspogromnacht vom 9./10. November 1938 »arisiert« wurde. Zuerst wurde das Unternehmen Bing unter die kommissarische Leitung eines »arisch« einwandfreien Geschäftsführers gesetzt, später wurde das Gebäude weit unter Wert an die Stadt Köln

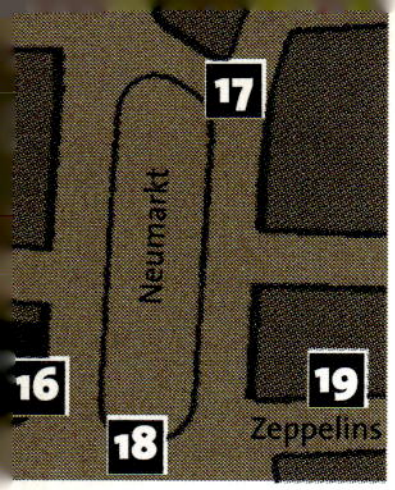

verkauft, die hier Anfang 1940 ihr Gesundheitsamt einrichtete.

Mit einer Reihe von Dienststellen war das Gesundheitsamt in die rassenpolitische Zielsetzung der Nationalsozialisten verstrickt. Vor allem die **»Gesundheitspolizei«** sowie die **»Beratungsstelle für Erb- und Rassenpflege«** waren an dem NS-Programm von »Ausmerze« und »Aufartung« beteiligt, mit dem die Kranken und »Lebensunwerten« verfolgt und in späteren Jahren vernichtet wurden. Die »Beratungsstelle« war 1933 bei den Gesundheitsämtern eingerichtet worden, um Bescheinigungen zur »Ehetauglichkeit« auszustellen, die für jede Heirat notwendig waren. Bescheinigt wurde hierin, daß beide Partner moralisch und erbbiologisch einwandfrei waren; vor einer Eheschließung mußten also zuerst die »rassenhygienischen« Vorgaben der Nationalsozialisten gewährleistet sein.

Von der »Beratungsstelle« wurden außerdem Gutachten über »Erbkrankheiten« erstellt, auf deren Grundlage die Beratungsstelle anschließend Zwangssterilisationen beantragte; in Köln waren von diesen brutalen Maßnahmen etwa 4000 Menschen betroffen. Beteiligt war an diesen ›legalen‹ Verbrechen auch das Erbgesundheitsgericht, das am Reichenspergerplatz residierte. [→*Vgl. S. 109–111*]

An die Verantwortung des Gesundheitsamtes für diese grausame Rassenpolitik der Nationalsozialisten und an ihre Opfer erinnert seit dem 2. Juni 1997 eine Gedenktafel, die in der Eingangshalle links neben der Eingangstür angebracht ist. Sie wurde von den Mitarbeiterinnen und Mitarbeitern des Amtes initiiert und finanziert und weist auch darauf hin, daß das Haus früher in jüdischem Besitz war und die Stadt von seiner »Arisierung« profitierte.

Das Kölner Gesundheitsamt. Von den Säulen gerahmt: Die Gedenktafel

Die Gedenktafel im Gesundheitsamt wurde von den Mitarbeitern gestiftet

Die Häuser Neumarkt 15–19 und Neumarkt 21 gehörten seit 1909 der Firma Bing. Im Jahre 1939 wurden die jüdischen Besitzer nach der Reichspogromnacht gezwungen, diese Häuser weit unter Wert an die Stadt Köln zu verkaufen. Seit 1940 ist hier das Gesundheitsamt der Stadt Köln untergebracht.
Das Gesundheitsamt vollzog seit 1933 nationalsozialistische Rassengesetze. Aufgrund der Gutachten von Ärzten des Gesundheitsamtes wurden Frauen und Männer als »Erbkranke« eingestuft. 4000 von ihnen wurden daraufhin gegen ihren Willen unfruchtbar gemacht. Hunderten von Menschen – als minderwertig beurteilt – wurde die gewünschte Ehe verboten.

FÜR UNS EINE MAHNUNG
GEGEN RASSISMUS UND UNMENSCHLICHKEIT

Bis heute werden die überlebenden Opfer dieses Rassenwahns nicht als NS-Opfer anerkannt. Ein Anspruch auf Entschädigung bleibt ihnen verwehrt, auch wenn seit 1980 mit Härtefallregelungen die Zahlung einer einmaligen Beihilfe von 5000 DM und eine monatliche Unterstützung von 100 DM möglich ist.

Am Neumarkt und in seiner unmittelbaren Nachbarschaft befand sich eine Reihe weiterer Behörden des NS-Regimes. Am Apostelnkloster 1 residierte seit etwa 1937 der **17 Reichsluftschutzbund**, der vorher am Heumarkt seine Geschäftsstelle hatte. Am Neumarkt 14A war die Hauptmeldestelle des **18 Reichsarbeitsdienstes RAD** untergebracht. Seit 1935 organisierte der RAD eine »allgemeine Dienstpflicht« für junge Männer. Ursprüngliches Ziel des RAD war die Bekämpfung der hohen Arbeitslosigkeit, später diente er aber vor allem der nationalsozialistischen und paramilitärischen Erziehung der Jugendlichen. Während des Krieges schließlich wurde der RAD von der Wehrmacht vereinnahmt und an den verschiedenen Fronten eingesetzt.

In der Zeppelinstraße 1–3 war etwa zwischen 1937 und 1940 die Geschäftsstelle der **19 »Kraft durch Freude«**-Organisation für den Gau Köln-Aachen untergebracht. [→*Vgl. S. 31*]

Ebenfalls direkt am Neumarkt, in der **Krebsgasse**, erinnert eine unscheinbare und oft von Fahrrädern verstellte **20** **Gedenkplatte** daran, daß hier bis 1945 das Kölner **Polizeipräsidium** stand.

Zur Erinnerung an die Toten / und als Mahnung für die Lebenden.
An dieser Stelle stand 1907–1945 das Polizei- / präsidium, in den Jahren 1933–1935 auch Sitz / der geheimen Staatspolizei (Gestapo). Hier wurden / zahlreiche Kölner Bürger wegen ihrer politischen / Gesinnung durch die Gestapo mißhandelt.
Rat der Stadt Köln 1981

Erinnert wird hier vor allem an die Opfer der Gestapo, die gerade in den ersten Monaten der NS-Herrschaft brutal gegen Regimegegner vorging, hauptsächlich gegen Kommunisten und Sozialdemokraten. Die Verstrickung der Polizei in den Machtapparat ging aber viel weiter.

In der Weimarer Republik gehörte die preußische Polizei zu den wichtigen Stützen der demokratischen Regierungen; in Köln beispielsweise war bis 1932 ein Sozialdemokrat, Otto Bauknecht, Polizeipräsident. Nach dem sogenannten »Preußenschlag« vom 20. Juli 1932, der staatsstreichartigen Ablösung der sozialdemokratischen preußischen Regierung durch die Reichsregierung unter Franz v. Papen, wurde Bauknecht jedoch entlassen. An seine Stelle trat **Walter Lingens**, ein konservativer Beamter, der die Kölner Polizei in der Phase der »Machtergreifung« schnell und offenbar reibungslos an die Seite der NSDAP und ihrer paramilitärischen Einheiten SA und SS stellte.

Walter Lingens, Polizeipräsident von 1932 bis 1935. Sein Nachfolger war der SA-Mann Walter Hoevel

Er handelte dabei selbstverständlich nicht aus eigener Initiative; vielmehr unterstand die preußische Polizei dem NS-Minister Göring, der sie am 17. Februar 1933 dazu auf-

Am 19. Februar 1933 marschieren Kölner Schutzpolizisten mit Hakenkreuzfahnen durch die Straßen

forderte, »die nationalen Verbände mit allen Kräften zu unterstützen.« Deutlich formulierte Göring in diesem **»Schießerlaß«**, was er von der Polizei erwartete: »Polizeibeamte, die in Ausübung dieser Pflichten von der Schußwaffe Gebrauch machen, werden ohne Rücksicht auf die Folgen des Schußwaffengebrauchs von mir gedeckt.« Das war eine klare Mordaufforderung. Zwei Tage später, am 19. Februar, marschierte anläßlich einer Hitlerkundgebung erstmals eine Abteilung der Kölner Schutzpolizei mit Hakenkreuzfahne und Hakenkreuzarmbinden durch die Stadt. Und am 22. Februar wurden SA und SS offiziell zur Hilfspolizei ernannt.

Seit Februar 1933 arbeiteten Polizei und SA bei der Unterdrückung der Arbeiterparteien häufig eng zusammen. Ein Höhepunkt dieses gemeinsamen Kampfes in Köln war am 3. März 1933 der Straßenkampf in der Elsaßstraße, bei dem erst das Eingreifen der schwerbewaffneten Polizei den Widerstand der Anwohner gegen den SA-Terror brechen konnte. [→*Vgl. S. 85*]

Der Keller des Polizeipräsidiums war in den blutigen Wochen der »Machtergreifung« einer jener Orte in der Stadt, wo die festgenommenen Regimegegner brutal gefoltert wurden. Auch in einem Polizeigefängnis am Bonner Wall wurden politische Gefangene gequält und von dort in die neu errichteten Konzentrationslager der Nationalsozialisten verschleppt. [→*Vgl. S. 80–82*]

In den folgenden Jahren wurde die Polizei immer zentralistischer von Berlin aus gesteuert. Zugleich wurde sie eng mit der SS verknüpft: Ab 1939 waren SS und Polizei gemeinsam im Reichssicherheitshauptamt organisiert. Die Kriminalpolizei wurde zusammen mit der Gestapo und dem Sicherheitsdienst SD der SS zur »Sicherheitspolizei« zusammengefaßt. Ihre Einbindung in den NS-Machtapparat wurde dadurch endgültig besiegelt. Beim Kampf gegen Roma und Sinti, Homosexuelle und sogenannte »Asoziale«

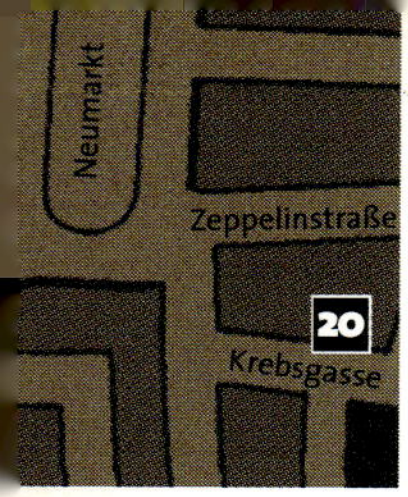

vollzog die Kriminalpolizei die nationalsozialistische Politik. [→*Vgl. zur Kriminalpolizei S. 93–95*]

Die Ordnungspolizei blieb in ihrem Aufgabengebiet auf den ersten Blick nahezu unberührt. Die Bewachung sogenannter »Arbeitserziehungslager« und von Zwangsarbeiterlagern durch Schutzpolizisten macht aber deutlich, daß auch dieser Zweig der Polizei ein Teil des NS-Machtapparates war.

Ein schreckliches Kapitel dieser Beteiligung waren die militärisch organisierten **Bataillone der Ordnungspolizei**, die ab 1939 hinter der Front eingesetzt wurden, um dort die »Befriedung« der gerade besetzten Gebiete zu unterstützen. Vor allem in Polen und der Sowjetunion bedeutete dies die planmäßige Ermordung der jüdischen Bevölkerung. Wegen der starken Fluktuation in diesen Einsatzgruppen rückte eine sehr große Zahl an Polizisten zum »Osteinsatz« ein. Wer den Krieg überlebte, blieb meist ohne weitere Probleme im Polizeidienst beschäftigt.

Das Polizeipräsidium in der Krebsgasse

Die Geschichte der Kölner Polizeibataillone mit den Nummern 66, 68, 69, 309 und 319 und ihrer Einsätze ist noch nahezu unbekannt. Vor allem aus einem Gerichtsverfahren gegen Angehörige des Polizeibataillons 309 kennt man aber furchtbare Details dieser Einsätze, bei denen ganze Landstriche »judenfrei« gemacht wurden. In dem Verfahren ging es um die Beteiligung der Polizisten an dem Massaker von Bialystok. Am 27. Juni 1941 hatte das Bataillon die jüdischen Bewohner der polnischen Stadt an der Grenze zu Rußland auf dem Marktplatz zusammengetrieben. Dann hatten die Polizisten begonnen, einige hundert Menschen an den Stadtrand zu führen und systematisch zu erschießen. Nachmittags wurden die übrigen Juden, mindestens 800 waren es noch, in die Synagoge getrieben, die dann angezündet wurde. Wer aus dem brennenden Gotteshaus fliehen wollte, wurde von den Angehörigen des Kölner Polizeibataillons erschossen.

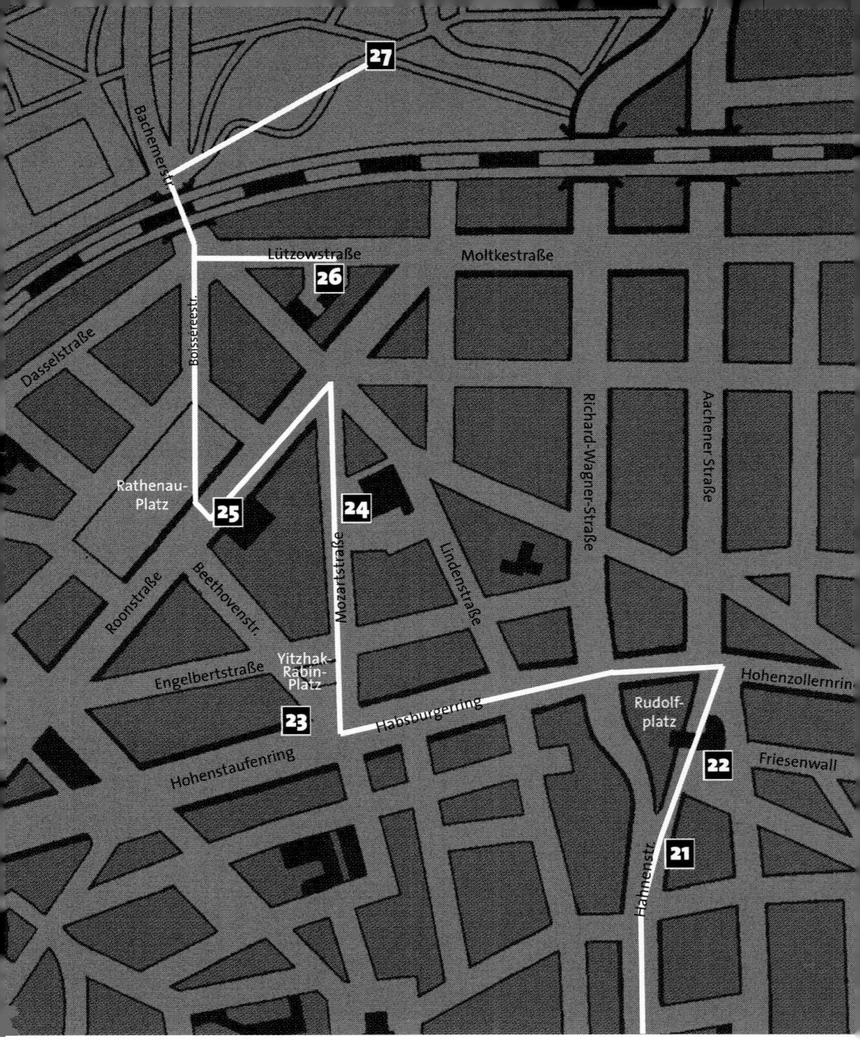

Fortsetzung der Tourenkarte von Seite 41

Den Rudolfplatz erreicht man vom Neumarkt aus schnell über die **21 Hahnenstraße**. Sie ist mit ihrer Straßenführung und Bebauung noch heute indirekt von den Planungen der Nationalsozialisten geprägt, wenn auch in einer abgemilderten Form. Erste Abbrucharbeiten für diese Achse begannen 1937 zwischen Hahnentor und Heumarkt, eine Umsetzung der verschiedenen Baupläne verhinderte aber bald der Krieg. Die heutige Straßenführung folgt aber dennoch der NS-Planung, denn nach 1945 wurden diese Pläne wieder aufgegriffen, um die großflächige Trümmerbrache in der Innenstadt neu zu bebauen.

Für die nationalsozialistische Stadtplanung in Köln war es charakteristisch, daß sie an ältere Planungen aus den Zwanziger Jahren anknüpfte, die allerdings ins Gigantische gesteigert und völlig auf das geplante Gauforum in Deutz hin orientiert wurden. Dies betraf auch die Hahnenstraße, die ein Teil der geplanten Ost-West-Achse war. Nach dem Krieg wurden die gigantomanischen Planungen wieder zurückgenommen, und der Architekt Wilhelm Riphahn lockerte die ursprünglich geplante blockartige und starre Bebauung der Hahnenstraße durch die vorgelagerten Pavillons auf. Die manchmal kritisierten Bauten an der Hahnenstraße dienten also vor allem dem Zweck, der Straße ihren militärischen Charakter als Aufmarschstraße zu nehmen.

In der NS-Zeit war der **22 Rudolfplatz** nach **Albert Leo Schlageter** benannt. Schlageter galt für die Nationalsozialisten als ein früher Märtyrer der nationalen Bewegung.

Mit einer Säule erinnerten die Nationalsozialisten auf dem Rudolfplatz an den »Blutzeugen« Albert Schlageter

Er wurde 1894 in Schönau im Schwarzwald geboren und nahm als Freiwilliger am Ersten Weltkrieg teil. Zwischen 1919 und 1921 war er als Freikorpsmitglied an Kämpfen im Baltikum und in Oberschlesien sowie an der Niederschlagung eines kommunistischen Aufstands im Ruhrgebiet beteiligt. Seit 1922 war Schlageter Mitglied der »Großdeut-

schen Arbeiterpartei«, einem Ableger der NSDAP. Er beteiligte sich 1923 mit Sabotageakten am sogenannten »Ruhrkampf« gegen die französischen Besatzungstruppen, wurde aber verraten, von der französischen Besatzungsmacht verhaftet und zum Tode verurteilt. Am 26. Mai 1923 wurde Schlageter in der Nähe von Düsseldorf erschossen.

Schlageterplätze und -denkmäler waren im ganzen Reich weit verbreitet. Hier am Kölner Schlageterplatz stand eine »Schlagetersäule«, die an den frühen »Blutzeugen« der Bewegung erinnern sollte.

Das Haus **23 Hohenstaufenring 53** ist eines von etwa 350 Wohnhäusern, die in der NS-Zeit in Köln gebaut wurden; allerdings entstand dieses Haus im Jahr 1936 für einen jüdischen Kölner, der das Grundstück samt einem älteren Gebäude, das abgerissen wurde, von der SA gekauft hatte. Ab April 1939 waren, zur Vorbereitung der späteren Deportationen, alle jüdischen Bürger gezwungen, in sogenannten **»Judenhäusern«** zu wohnen; eines dieser Ghettohäuser, in denen zwangsläufig eine große Enge und Not herrschte, war auch das Haus hier am Hohenstaufenring. Daher berührt es seltsam, daß der kleine und unscheinbare Platz, an dem das »Judenhaus« liegt, jetzt nach dem ermordeten israelischen Ministerpräsidenten Yitzhak Rabin benannt ist.

Eines von vielen ehemaligen »Judenhäusern«: Hohenstaufenring 53

WEITERE GHETTOHÄUSER STANDEN ZUM BEISPIEL IN DER:

Beethovenstraße 2
Beethovenstraße 3
Beethovenstraße 16
Brüsseler Platz 17
Venloer Straße 23
Horst-Wessel-Platz (Rathenauplatz) 14
Utrechter Straße 16 *(hier war vorher ein jüdisches Lehrlingsheim)*,
Cäcilienstraße 18–22 *(dies war das Haus der »Rheinlandloge« [→Vgl. S. 45])*.

Nach einer Verfügung der Gestapo vom 12. Mai 1941 sollten das rechtsrheinische Köln sowie die Vororte Müngersdorf, Braunsfeld, Melaten, Lindenthal, Sülz, Klettenberg, Zollstock, Raderberg, Bayenthal und Marienburg »judenfrei« gemacht werden. Ende 1941 wurde schließlich das Barackenlager im ehemaligen preußischen Fort V in Müngersdorf zum Sammellager für die Kölner Juden bestimmt. Bis zu 2500 Menschen wurden auf engstem Raum zusammengeschlossen, um von dort aus über den Bahnhof Deutz-Tief in die Vernichtungslager deportiert zu werden. Am Walter-Binder-Weg in Müngersdorf erinnert seit 1981 ein großer Gedenkstein mit einer Schrifttafel an dieses »Judenlager« auf Kölner Stadtgebiet.

Über den Yitzhak-Rabin-Platz hinweg erreicht man die **24 Mozartstraße**. Im Haus mit der Nummer 28 saß vom Oktober 1932 bis zum November 1934 die Gauleitung der NSDAP. Anschließend zog sie in die alte Universität in der Claudiusstraße um. [→*Vgl. zur Gauleitung S. 76–78*]

Hinter den prächtigen Gründerzeitfassaden residierte die NS-Partei. Schäbig dagegen die Gedenktafel auf dem Gehweg

In der blutigen Phase der Machtergreifung war der Keller des »Braunen Hauses« eine berüchtigte Folterkammer von SA und SS, in der viele Oppositionelle brutal mißhandelt wurden. Unter anderem waren die sozialdemokratischen Politiker Wilhelm Sollmann und Hugo Efferoth hier inhaftiert. Gerade aus den Schilderungen Sollmanns, der nach seiner Haft aus Deutschland fliehen konnte, wissen wir heute, was die Gefangenen im »Braunen Haus« erleiden mußten.

Vor dem Haus auf dem Gehweg erinnert eine Gedenktafel an diese Vergangenheit.

Zur Erinnerung an die Toten / und als Mahnmal für die Lebenden. / An dieser Stelle befand sich 1933 und 1934 / die Gauleitung der NSDAP im sogenannten / »Braunen Haus«. Hier folterten SA und SS / ihre politischen Opfer.
Rat der Stadt Köln 1981

GESCHÄFTSSTELLEN DER NSDAP-ORTSGRUPPEN AUF DEM GEBIET DER TOUR 2:

Agrippastraße 8–12:
Ortsgruppe Heumarkt (1943)
Agrippastraße 51:
Ortsgruppe Agrippa *(bis Juli 1939)*
Agrippastraße 53–59:
Ortsgruppe Agrippa *(bis 1943)*; Ortsgruppe Neumarkt *(1934/35–1936/37)*; Ortsgruppe Thieboldsgasse *(April 1934 – Okt. 1934)*
Alexianerstraße 3 oder 30:
Ortsgruppe Griechenpforte *(1939)*
Alexianerstraße 21:
Ortsgruppe Neumarkt *(ab Juli 1939)*
Brüsseler Straße 11:
Ortsgruppe Richard Wagner *(1933/34)*
Cäcilienstraße 9:
Ortsgruppe Neumarkt *(bis 1939)*
Engelbertstraße 57:
Ortsgruppe Richard Wagner *(April 1934)*
Filzengraben 7:
Ortsgruppe Waidmarkt *(Juli 1933–Dez. 1933)*
Follerstraße 65:
Ortsgruppe Rheinau *(1943)*
Friesenwall 3:
Ortsgruppe Schlageter *(1943)*
Hahnenstraße 19–23:
Ortsgruppe Neumarkt *(1943–1945)*
Heumarkt 22:
Ortsgruppe Heumarkt *(1933/34)*
Huhnsgasse 18:
Ortsgruppe Mauritius *(1933)*
Huhnsgasse 55:
Ortsgruppe Mauritius *(Okt./Nov. 1933)*
Im Weichserhof 4:
Ortsgruppe Waidmarkt *(Dez. 1933 – Febr. 1934)*; Ortsgruppe Landsberg *(Sept. 1933 – Nov. 1933)*
Jabachstraße 4:
Ortsgruppe Wolkenburg *(1939)*
Jülicher Straße 27:
Ortsgruppe Horst Wessel *(1936/37–1943)*
Mauritiussteinweg 59a:
Ortsgruppe Mauritius *(Nov. 1933–April 1934)*
Mechtildisstraße 14:
Ortsgruppe Waidmarkt *(ab Febr. 1934)*
Mittelstraße 3:
Ortsgruppe Schlageter *(1939)*
Mozartstraße 60:
Ortsgruppe Roon *(1939 – 1943)*
Neumarkt 22:
Ortsgruppe Rheinau *(1934 – 1936)*
Perlengraben 66:
Ortsgruppe Blaubach *(ab Juli 1933)*
Rathenauplatz *(Horst-Wessel-Platz)* 32:
Ortsgruppe Horst Wessel *(ab Juli 1933)*; Ortsgruppe Königsplatz *(1933); im April 1933 wurde die Ortsgruppe wegen der Umbenennung des Platzes in Ortsgruppe Horst Wessel umbenannt.*
Rathenauplatz *(Horst-Wessel-Platz)* 36 (Baracke):
Ortsgruppe Horst Wessel *(1945)*
Rheinaustraße 20:
Ortsgruppe Rheinau *(1945)*
Rheinaustraße 30:
Ortsgruppe Rheinau *(1938/39)*
Rheingasse 11:
Ortsgruppe Rheinau *(1936/37)*
Rheingasse 24:
Ortsgruppe Heumarkt *(Juli 1939)*
Rubensstraße 9:
Ortsgruppe Hohenstaufen *(1936/37)*; Ortsgruppe Jahn *(1939)*; Ortsgruppe Horst Wessel *(1935/36)*
Rudolfplatz (Schlageterplatz) 1:
Ortsgruppe Schlageter *(1934)*
Schildergasse 93:
Ortsgruppe St. Peter *(ab Juli 1933)*
Thieboldsgasse 21:
Ortsgruppe Thieboldsgasse *(bis April 1934)*
Waidmarkt 17:
Ortsgruppe Heumarkt *(Januar 1939)*

[→*Vgl. S. 115–117*]

Isidor Caro, Rabbiner der Synagoge Roonstraße

Die einzige verbliebene Kölner **25** **Synagoge** steht heute in der **Roonstraße** – es ist die letzte von immerhin sieben jüdischen Gotteshäusern, die es bis zum November 1938 in Köln gegeben hatte. Die Synagoge war zwischen 1895 und 1899 errichtet worden, nachdem die Zahl der jüdischen Bürger in Köln zugenommen hatte und zudem viele von ihnen in die neuen Wohngebiete der Neustadt gezogen waren. Anders als die ältere Synagoge in der Glockengasse lehnt sich hier die Architektur mit ihrem neoromanischen Stil stark an die Bauweise christlicher Kirchen an.

Die Synagoge in der Roonstraße galt als der Versammlungsort der liberal eingestellten Juden in Köln. Rabbiner hier war Isidor Caro. Im Jahr 1908 kam Caro, der 1876 in Posen geboren wurde, als Rabbiner nach Köln. Er galt als Zionist und war zugleich Verfechter eines liberalen Judentums. Obwohl er die Gelegenheit dazu gehabt hätte, wanderte Caro nicht rechtzeitig aus Deutschland aus, sondern blieb bis 1942 in Köln. Er war damit der letzte amtierende Rabbiner der Stadt. Im Mai 1942 wurde er in das Ghetto Theresienstadt deportiert, wo er am 28. August 1943 starb.

In der Reichspogromnacht am 9./10. November wurde die Synagoge in der Roonstraße geplündert und niedergebrannt. 1940 wurde das jüdische Gotteshaus zum Luftschutzraum umgebaut, aber 1944 zerstörte ein Bombenangriff das Gebäude endgültig.

In einer Gedenkhalle vor dem Eingang zur eigentlichen Synagoge erinnert die Gemeinde auf insgesamt fünf großen Steintafeln in deutscher und hebräischer Sprache an die jüdischen Opfer der nationalsozialistischen Gewaltherrschaft.

Der du diese Halle betrittst – verweile in stillem / Gedenken an die über sechsmillionen unschuldig / gemordeten Schwestern und Brüder / Zum Gedenken an die elftausend jüdischen Opfer / Männer Frauen und Kinder der Gemeinde Köln / Sie starben für ihren Glauben in dunkler Zeit

1933 1945

All dies traf uns, doch nicht dein vergassen / wir, und handelten nicht trüglich, an / deinem Bunde. / Ps. 44

DAS JÜDISCHE GEMEINDELEBEN NACH 1945 …

Nach 1945 versammelten sich die überlebenden Kölner Juden lange im ehemaligen Israelitischen Asyl in der Ottostraße in Köln-Ehrenfeld. Im Jahr 1957 beschloß die jüdische Gemeinde schließlich, für die wachsende Zahl ihrer Mitglieder die Synagoge in der Roonstraße wieder aufzubauen. Vorangegangen waren allerdings Diskussionen innerhalb der Gemeinde, ob man nach den furchtbaren Ereignissen der NS-Zeit überhaupt ein neues Gotteshaus in der Stadt bauen dürfe. Daß auch heute noch ein jüdisches Gemeindeleben in Köln nicht selbstverständlich ist, zeigen eindrücklich die Sicherungsmaßnahmen an der Synagoge. Mit Videoüberwachung und häufig auch mit Polizeischutz muß sich die Synagogengemeinde gegen neonazistische und antisemitische Angriffe schützen. Wie nötig diese Maßnahmen sind, zeigte sich schon wenige Monate nach der feierlichen Eröffnung der Synagoge: Weihnachten 1959 beschmierten Unbekannte die Synagoge mit Hakenkreuzen und Naziparolen. Dies war der Beginn einer großen Zahl antisemitischer Anschläge und Schmierereien in ganz Deutschland, so daß sehr viele jüdische Bürger wieder überlegen mußten, ob es nicht besser sei, Deutschland endgültig zu verlassen.

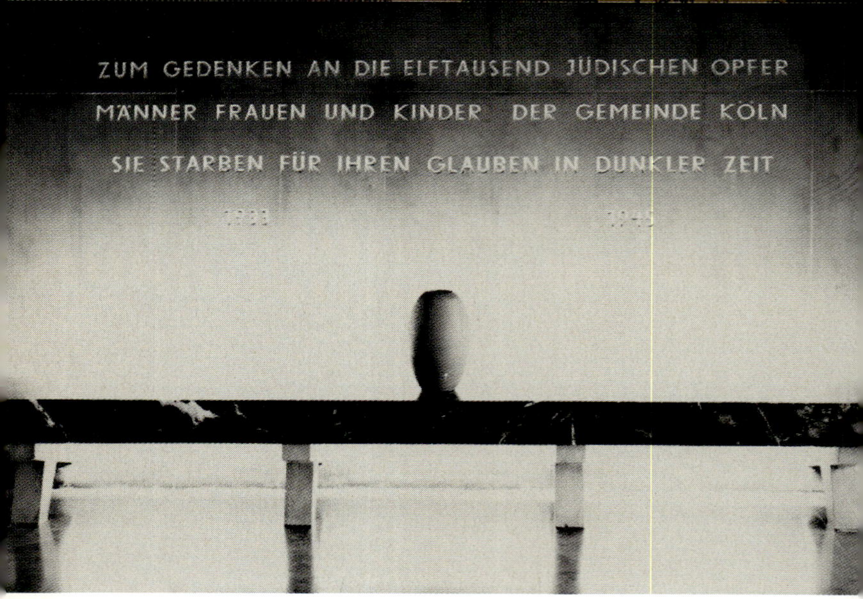

Die Synagoge ist nicht ohne weiteres zu besichtigen, nach Voranmeldung bei der Gemeinde werden aber Gruppen gerne durch das eindrucksvolle jüdische Gotteshaus geführt.

Nicht weit entfernt von der Synagoge befand sich in der **26** **Lützowstraße** die städtische **jüdische Volksschule** Kölns, seinerzeit die größte jüdische Volksschule Deutschlands. Ostern 1938 wurden die Lehrer und Schüler von dort vertrieben, um wenig später mit den jüdischen Schulen in der St-Apern-Straße zusammengelegt zu werden. Der Rektor der Schule, **Emil Kahn**, starb im August 1942 im Ghetto Lodz. Viele Lehrer, Schüler und ihre Familien wurden von den Nationalsozialisten ebenfalls deportiert und in den Ghettos und Lagern in Osteuropa ermordet. Seit 1988 erinnert eine Gedenktafel in der Lützowstraße 8–18, am Haus der städtischen Berufsschule, an diese Vergangenheit. Zugleich wird in dem Text der Tafel auch auf das jüdische Kinderheim Lützowstraße und die Synagoge, die sich im Hof des Kinderheims befand, hingewiesen.

Israelitische Volksschule

In diesem Gebäude befand sich die / städtische Israelitische Volksschule, Köln, / Lützowstrasse, von 1917 bis zu ihrer Vertreibung / durch die Nationalsozialistische Gewaltherrschaft / im Jahr 1938. Viele Lehrer und Schüler / wurden mit ihren Familien später in den Osten / verschleppt. Nur wenige überlebten.

Israelitisches Kinderheim

Auf der gegenüberliegenden Straßenseite stand / das Israelitische Kinderheim, Lützowstraße 35/37. / Das Heim wurde 1909 erbaut. / 1941 mußten die Kinder mit ihren Betreuern / das Haus verlassen. Viele der Kinder und Erzieher / wurden 1942 in den Osten verschleppt / und dort ermordet.

Synagoge

Im Hof des Kinderheims Lützowstrasse 35/37 / befand sich eine Synagoge. Sie wurde 1919 gestiftet / und stand bis 1941 zur Andacht offen.

Eher unbeachtet am Hintereingang der Berufsschule Lindenstraße: Die Gedenktafel am »Rektor-Kahn-Haus«

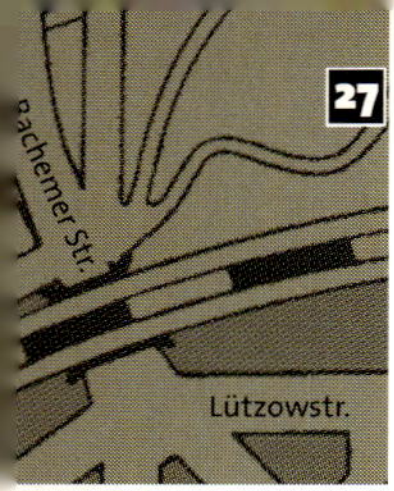

Wie die Gedenkstätte in der St.-Apern-Straße geht auch die Tafel in der Lützowstraße auf eine Initiative von Irene und Dieter Corbach zurück. Sie regten auch an, daß das Hauptgebäude der Berufsschule in »Rektor-Kahn-Haus« umbenannt wurde, nach dem ermordeten Schulleiter der jüdischen Volksschule.

Die Stadtwanderung durch die Innenstadt endet schließlich in der **Grünanlage** zwischen Bahntrasse und Universitätsstraße. Zwischen Aachener Weiher im Norden und Bachemer Straße im Süden errichteten die Nationalsozialisten zwischen 1936 und 1938 einen großen Aufmarschplatz, das sogenannte **27** **»Maifeld«**, der die eher kleinen Kölner Plätze für Großkundgebungen – Neumarkt, Heumarkt, Schlageterplatz (Rudolfplatz), der Deutzer Festplatz oder die Jahnwiese in Müngersdorf – ergänzen sollte. Die ganze Anlage faßte etwa 200 000 Menschen.

An der Südseite des Maifelds entstand im Juni 1938 eine Tribüne, die einen guten Blick auf das Feld ermöglichen sollte. Diese Tribüne war ein wuchtiger terrassenartiger Bau mit großen Pyramidenstümpfen an den Seiten, zwischen

Von Kriegsschutt gnädig bedeckt …

denen eine breite herrschaftliche Treppe nach oben führte. 1939 wurde der Bau durch einen etwa 15 Meter hohen Hoheitsadler mit Hakenkreuz ergänzt, dessen Flügelweite monumentale 20 Meter betrug.

... die monumentale Tribüne des »Maifeld«

In der Stadtplanung der Nationalsozialisten stand das Maifeld am westlichen Ende der Ost-Westachse und war damit auf das geplante Gauforum in Deutz hin orientiert. Um die Funktion dieser Achse zu unterstützen, sollte auch der Hauptbahnhof aus der Innenstadt herausgenommen werden. Zwei große Bahnhöfe am Aachener Weiher und in Kalk sollten ihn an den beiden Enden der Achse ersetzen. Ausgeführt wurde von all diesen Plänen vor allem das Maifeld. Nach 1945 ging es dann in den Trümmerbergen, die heute das Bild der Grünanlage bestimmen, unter.

...heitszeichen auf der Tribüne des Maifelds

20 Meter breit spannt der Adler seine Flügel

Durch die südliche Innenstadt

Diese Wanderung führt durch die Südstadt mit dem Severinsviertel in seinem Kern, dem Kölner »Veedel« schlechthin, das bis heute die »typisch kölsche« Form des städtischen Dorflebens darstellt, auch wenn dieser Eindruck bisweilen folkloristisch sehr strapaziert wird. Seit dem 19. Jahrhundert war dieser südliche Bezirk der Kölner Innenstadt von der Industrialisierung geprägt und in den engen Gassen des Viertels lebten vor allem Arbeiter. Kleingewerbe und traditionelle Handwerksbetriebe ergänzten den proletarisch-kleinbürgerlichen Charakter der Südstadt. Spätestens die Sanierungsmaßnahmen seit den siebziger Jahren veränderten aber diese Bevölkerungsstruktur durchgreifend, was viele mit Wehmut oder Zorn kommentiert haben. Heute bietet das Severinsviertel ein buntes Bild: hier wohnen neben Arbeitern auch Künstler oder Lebenskünstler, und neben den kölschen »Ureinwohnern« des Viertels leben Studenten und Neukölner aus den verschiedensten Ländern der Welt. In der Regel funktioniert dieses multikulturelle Gemisch ganz reibungslos.

Im 3. Stockwerk dieses Hauses saß bis Juli 1933 die Kölner **Gauleitung der NSDAP**

In der NS-Zeit waren auf dem Gebiet zwischen Rhein und Barbarossaplatz einige wichtige Kölner Institutionen des Partei- und Staatsapparates angesiedelt. Schon vor 1933 befand sich in der Südstadt die Kölner **Parteizentrale der NSDAP** Am **1** **Ubierring 51** war bis Juli 1930 ihre Geschäftsstelle in einer Wohnung untergebracht. Zu dieser Zeit war dies die kleine lokale Parteizentrale einer kleinen, radikalen rechten Partei. Erst die Wahlerfolge des Jahres 1930 führten dazu, daß die Parteileitung in ein größeres Gebäude am Filzengraben umzog. [→*Vgl. S. 48/49*]

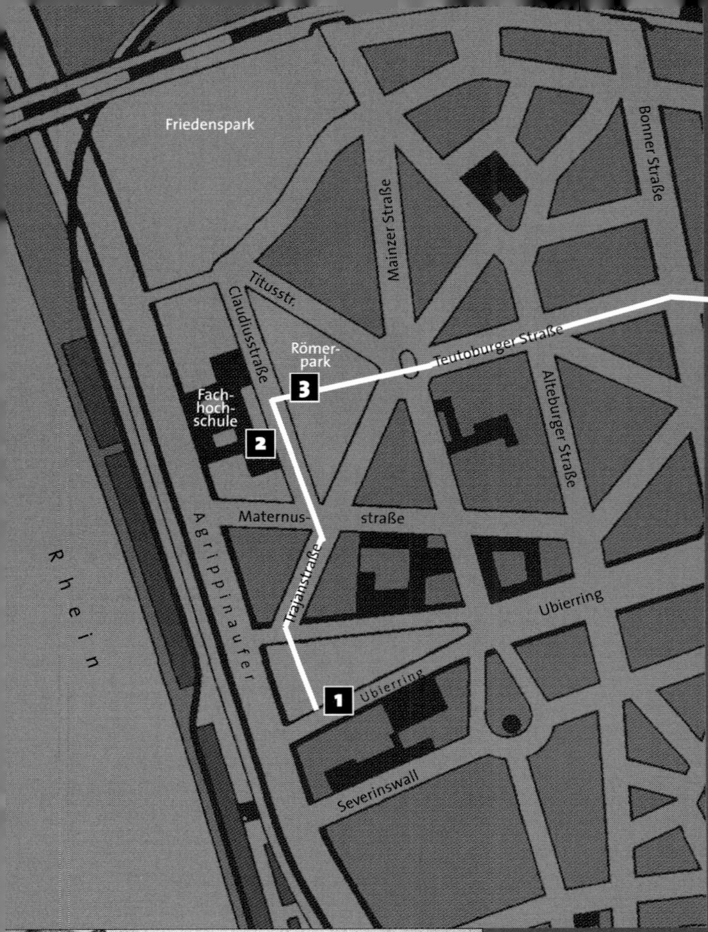

Fortsetzung
Seite 81

Später aber war »die« Adresse der NSDAP in Köln die **2 Claudiusstraße**. Vom November 1934 bis zum Ende des NS-Regimes residierte hier die Parteileitung der NSDAP für den Gau Köln-Aachen mit vielen Parteieinrichtungen. In ihrer Partei-Hierarchie, die ganz auf Adolf Hitler ausgerichtet war, bildeten die Gaue und ihre politischen Leiter die höchste Machtebene unter

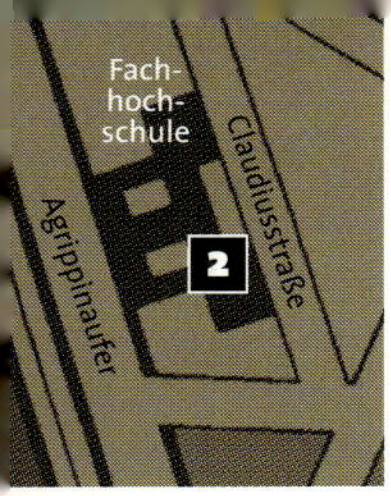

dem »Führer«. Die Nationalsozialisten hatten die altdeutsche Bezeichnung des »Gaus« als Namen für bestimmte Regionen übernommen, um damit ihre obersten regionalen Organisationen zu kennzeichnen.

Heute ist in dem herrschaftlichen, schloßähnlichen Bau, der in den Jahren 1905 bis 1907 errichtet wurde, die staatliche Fachhochschule Köln untergebracht. Damit hat das Haus wieder seine alte Funktion als Hochschulgebäude übernommen, denn vor 1934 hatte hier zunächst die **Handelshochschule** und später die Kölner **Universität** ihren Sitz.

Die alte Kölner Universität war 1798 durch Napoleon aufgelöst worden und entstand erst 1919 durch eine Ausweitung der Handelshochschule neu. Die rasante Entwicklung der Universität, die sechs Jahre nach ihrer Neugründung bereits zur zweitgrößten Universität des Reiches gewachsen war, führte dazu, daß ein Neubau geplant wurde. Er wurde

Die »Ehrenhalle« der Gauleitung (oben). Äußerlich ist das Gebäude bis heute fast unverändert

ab 1927 an der heutigen Universitätsstraße realisiert, der Bau stoppte aber 1931 wegen des Geldmangels der Universität während der Wirtschaftskrise. Erst in der NS-Zeit wurde er fertiggestellt und die neue Universität, bis heute das Hauptgebäude der Hochschule, konnte im September 1934 in Betrieb genommen werden. Jetzt stand das alte Gebäude in der Claudiusstraße für die NSDAP zur Verfügung, die damit einen großen und repräsentativen Bau für ihre Gauleitung erhielt.

Prasselnd schlagen die Flammen, alles Undeutsche vernichtend, zusammen!

Noch in der Zeit, als in der Claudiusstraße die Universität untergebracht war, fand am 17. Mai 1933 auf dem Vorplatz die **Bücherverbrennung** statt, von der NS-Studentenschaft als Aktion gegen »undeutsche« Schriften organisiert. Vernichtet wurden vor allem Bücher jüdischer und sozialistischer Autoren oder solcher Schriftsteller, die von den Nationalsozialisten für Sozialisten gehalten wurden: neben Karl Marx und Leo Trotzki auch Sigmund Freud, neben Carl v. Ossietzki und Kurt Tucholsky auch Heinrich Mann und Erich Kästner; mit ihnen waren viele andere Autoren von dieser symbolischen Form der Vernichtung betroffen.

In Köln wurden die mißliebigen Bücher erst eine Woche nach der reichsweit organisierten Aktion verbrannt, weil der Rektor der Universität offensichtlich die Bestände der Universitätsbibliothek schützen wollte und deswegen längere Zeit mit den Studenten verhandelte; im Feuer vernichtet wurden schließlich Bücher aus der Studentenbibliothek. Daß auch am 10. Mai 1933 Bücher in Köln brannten, dafür sorgte eine »Organisation der Buchhändler in Köln«, die insgesamt 1 176 Bücher und Bilder vernichtete, die nach dem Empfinden der Buchhändler »das Anstandsgefühl verletzten«.

Bei der Bücherverbrennung vor der Universität waren beileibe nicht nur die NS-Studenten anwesend. Auch andere Studentenverbände, die SA, der neue Rektor und viele Professoren nahmen an dieser Aktion teil, der die studentischen Organisatoren das Motto vorgaben: »Deutsche Studenten, wir haben unser Handeln gegen den undeutschen

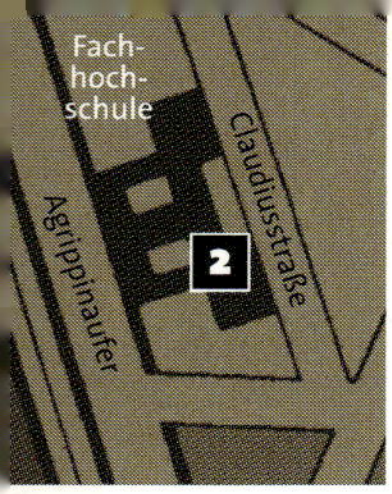

Geist gerichtet. Übergebt alles Undeutsche dem Feuer.« Jeweils mit verschiedenen »Feuersprüchen« wurden die einzelnen Werke dann in die Flammen geworfen.

Rektor war zu diesem Zeitpunkt der Pathologe **Ernst Leupold**; er war vor der »Machtergreifung« Vertrauensmann der NSDAP an der Universität und gehörte am 11. April 1933 zu den ›Gewinnern‹ der schnellen Gleichschaltung der Universität, als sein Vorgänger Ebers zum Rücktritt gezwungen wurde.

Im November 1934 bezog die Gauverwaltung des NSDAP-Gaus Köln-Aachen das Universitätsgebäude in der Claudiusstraße. Bereits seit 1931 war Josef Grohé Gauleiter und sein Stellvertreter war seit 1932 Richard Schaller.

Josef Grohé in staatstragender Pose

Josef Grohé, 1902 im Hunsrück geboren, war seit 1922 Mitglied der NSDAP. 1925 wurde er Schriftleiter des »Westdeutschen Beobachters« in Köln, wo er bereits vorher als kaufmännischer Angestellter lebte. 1929 zog er für die NSDAP als Stadtverordneter in den Kölner Stadtrat und 1931 wurde er zum Gauleiter des Gaus Köln-Aachen ernannt, den die NSDAP neu eingerichtet hatte. Dieses Amt behielt er bis zum Ende des Regimes. Noch im Jahr 1933, nach der Machtübernahme, wurde Grohé zum Preußischen Staatsrat ernannt. 1944 erweiterte sich seine Macht nach Westen hin, als er zum Reichskommissar für die besetzten Gebiete Belgiens und Nordfrankreichs ernannt wurde. Wegen der schwer durchschaubaren Verquickung von Staats- und Parteifunktionen in der NS-Zeit ist Grohés tatsächliche Macht kaum genau zu ermessen. In der Stadtverwaltung, im Regierungsbezirk, in der Polizei, bei den verschiedenen Unterdrückungs- und Vernichtungsaktionen der Nationalsozialisten, überall konnte sich sein Einfluß bemerkbar machen. Trotzdem wurde er für seine Rolle in der NS-Zeit kaum zur Verantwortung gezogen. 1946 kam er in ein alliiertes Internierungslager und wurde 1950 – von einem deutschen Gericht – zu viereinhalb Jahren Haft verurteilt. Da aber seine Internierungszeit angerechnet wurde, kam er sofort nach dem Urteilsspruch frei.
Als Großhändler für Spielwaren konnte er sich ungehindert eine neue Existenz aufbauen. Bis zu seinem Tod im Jahre 1987 lebte er unbehelligt in seinem Eigenheim in Köln-Brück.

Richard Schaller, geboren 1903 in Köln, trat 1923 in die NSDAP ein, nachdem er zuvor für eine kurze Zeit KPD-Mitglied gewesen war. Für den Bauarbeiter bot sich in der Partei die Möglichkeit zu einer großen Karriere, die im Jahr 1925 begann, als Schaller Ortsgruppenleiter der NSDAP wurde. 1929 wurde er, wie Grohé, zum Stadtverordneten im Kölner Stadtrat gewählt, 1930 bis 1945 war Schaller NSDAP-Abgeordneter im Reichstag. Im Jahr 1932 wurde er zum stellvertretenden Gauleiter für den Gau Köln-Aachen ernannt und zwischen 1933 und 1936 war er Bürgermeister und Beigeordneter der Stadt Köln; außerdem war er zwischen 1933 und 1939 sowie 1942 und 1945 Gauführer der NS-Volkswohlfahrt (NSV) und ab 1937 auch Gauobmann der Deutschen Arbeitsfront (DAF). Richard Schaller kam 1946 in allierte Internierungshaft und wurde 1948 zu drei Jahren Haft verurteilt. Danach lebte er als selbständiger Kaufmann und starb 1972 in Hannover.

Die Gauleitung der NSDAP war für die nachgeordneten Ebenen der Partei – die Kreisleitungen, die Ortsgruppen, die Zellen und schließlich die Blocks – die zuständige Kontroll- und Befehlsinstanz. Zusätzlich zu dieser Parteihierarchie bildete sich aber in der NSDAP schnell ein weit ausgespanntes Netz von speziellen »Gliederungen«, in denen die verschiedensten Bevölkerungs- und Berufsgruppen organisiert werden sollten. Zu diesen Gliederungen zählten neben der SA und der SS auch die Hitlerjugend HJ, der NS-Studentenbund, die NS-Frauenschaft und eine Reihe anderer Organisationen. Die meisten von ihnen wurden durch verschiedene Ämter der Gauleitung in der Claudiusstraße geleitet. Etwa dreißig Ämter wurden hier gezählt – allerdings gab es in den zwölf Jahren der NS-Herrschaft auch Umorganisationen oder Neugründungen einzelner Ämter.

In der Gauleitung gab es viele verschiedene Ämter. Sie dienten der Erfassung und Kontrolle der Bevölkerung und boten zugleich vielen Menschen die Möglichkeit, sich zu beteiligen

Das **»Rassepolitische Amt«** in der Gauleitung sollte die Durchführung des nationalsozialistischen Programms von »Aufartung« und »Ausmerze« anleiten und überwachen. Die Verbrechen gegen Kranke, Behinderte, sogenannte »Asoziale«, Homosexuelle, Roma und Sinti und gegen Juden in

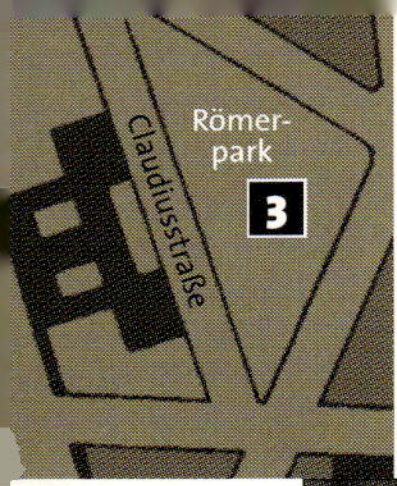

Köln wurden von diesem Amt propagandistisch unterstützt. Der Kölner Leiter des »Rassepolitischen Amtes« war der sogenannte »Gauinspekteur« der NSDAP **Toni Merzenich**.

Toni Merzenich, »Gauinspekteur« und Leiter des »Rassepolitischen Amtes«

Ebenfalls an dem Vernichtungsprogramm der Nationalsozialisten beteiligt waren das »Amt für Volkstumsfragen« oder das »Gausippenamt«. Die Beteiligung der Ärzte und Krankenhäuser an der »rassepolitischen« Zielsetzung der Nationalsozialisten wurde durch das »Amt für Volksgesundheit« und den »NS-Ärztebund« gesichert, dessen Leiter Dr. Rudolf Hartung selbst Arzt war.

Ihren maßgeblichen Einfluß auf die Kommunalpolitik in Köln konnte die Gauleitung nicht zuletzt dadurch sicherstellen, daß viele Amtsleiter zugleich auch Bürgermeister oder Beigeordnete waren. In der Claudiusstraße war also das eigentliche Machtzentrum in Köln und in den Regierungsbezirken Köln und Aachen. Trotz der häufigen, heute meist nicht mehr genau zu ermittelnden Kompetenzstreitigkeiten zwischen den verschiedenen Amtschefs muß man doch davon ausgehen, daß nirgendwo in der Stadt Entscheidungen ohne oder gegen die Gauleitung durchgesetzt werden konnten. So ist es nur schwer verständlich, daß NS-Funktionäre wie Grohé oder Schaller nach 1945 kaum zur Verantwortung gezogen wurden.

Direkt am Gebäude der früheren Gauleitung liegt der 3 **Römerpark**, an den im Süden der Friedenspark, oder früher Hindenburgpark, grenzt. Im September 1936 wurde im Römerpark ein achtjähriger jüdischer Junge von einigen HJ-Jungen erschlagen. **Hans Abraham Ochs** war mit seiner Mutter und seinem kleinen Bruder, der im Kinderwagen saß, auf einem Spaziergang im Park unterwegs, als die HJ-Gruppe begann, ihn als »Judensau« anzupöbeln und schließlich brutal auf ihn einzuschlagen. Am 30. September 1936 starb der Junge; auf dem jüdischen Friedhof in Köln-Bocklemünd (Vogelsang) ist er begraben.

Erste Skizze für das geplante Mahnmal zur Erinnerung an Hans Abraham Ochs

Auf seinem Grabstein findet sich die Inschrift: »Umgekommen durch eine irregeleitete Jugend«. Dieser Satz veranlaßte 1989 eine Kölner Journalistin, dem Schicksal von Hans Abraham Ochs nachzugehen, aber erst nach Jahren konnte sie die Umstände seiner Ermordung aufdecken und in einer Radioreportage veröffentlichen. Die Südstadtinitiative »Öffentlichkeit gegen Gewalt« hat jetzt angeregt, mit einem Mahnmal an Hans Abraham Ochs zu erinnern und die Bezirksvertretung Innenstadt hat Geldmittel dafür bereitgestellt. Eventuell noch 1999 soll dieses Denkmal, das von Jugendlichen des Bauspielplatzes im Friedenspark gestaltet wird, an der Grenze zwischen beiden Parks aufgestellt werden.

Auf dem jüdischen Friedhof in Bocklemünd/Vogelsang, der an der Venloer Straße direkt neben dem Westfriedhof liegt, erinnern zwei Mahnmale an die jüdischen Opfer des NS-Regimes. Das erste dient dem Andenken an den letzten amtierenden Rabbiner in Köln, Isidor Caro, und an die rund elftausend Opfer der jüdischen Gemeinde.

Nach der Reichspogromnacht im November 1938 wurden einige gerettete Thorarollen und andere Kultgegenstände auf dem Friedhof vergraben, und erst 1978 wurden ihre vermoderten Reste geborgen und in Holzkisten gegenüber des Mahnmals für die Opfer der Shoa »beigesetzt«; dort ist ihnen ein zweites Denkmal gewidmet.

Der »Westdeutsche Beobachter« beschreibt die neue Funktion des Polizeigefängnisses

Über die Teutoburger Straße, die Rolandstraße und den Zugweg führt der Weg jetzt weiter zum Bonner Wall. Am **4** **Bonner Wall 108–120**, wo sich heute ein Autohaus und ein Möbelgeschäft befinden, war auf dem Gelände des ehemaligen Forts III der preußischen Stadtbefestigung ein **Polizeigefängnis** untergebracht. Es wurde im neunzehnten Jahrhundert als Festungsgefängnis errichtet und in den

Sie müssen sich fügen

Gefangenentransport zur Arbeitsstätte

Am Montag waren in aller Frühe Großwagen der Polizei unterwegs, die mit schrillem Signal vom Bonner Wall aus über die Ringstraßen und die Hohenzollernbrücke ins Messegelände fuhren. Von Schupos begleitet, wurden fünfzig politische Gefangene abtransportiert, die bisher mit anderen in Schutzhaft gesessen hatten und schon seit einiger Zeit im Polizeigefängnis am Bonner Wall untergebracht waren. Dieser Polizeiverwahr hatte in den letzten Jahren keine eigentliche Verwendung mehr, und man dachte schon daran, ihn der Heilsarmee zu überlassen, eine Absicht, die sich jedoch zerschlug.

Nun ist man recht froh, daß sich die alte Polizeiunterkunft wieder für ihren eigentlichen Zweck, den Verwahr von Gefangenen, benutzen läßt. Die fünfzig dort am Montag Abgeholten wurden im Deutzer Bahnhof vom Messegelände aus an den Personenzug gebracht, der mit drei Gefangenenwagen über Düsseldorf in Richtung Osnabrück abfuhr. Die Gefangenen werden in der Umgebung

Jahren 1895/96 noch einmal erweitert; in den 1920er Jahren wurde es aber offensichtlich nicht mehr genutzt und stand leer. Im Hinterhof des Möbelhauses kann man trotz weitgehender baulicher Veränderungen noch Reste dieses Erweiterungsbaus von 1895/96 erkennen.

Während der Machtergreifung Anfang 1933 wurden in dem Gefängnis Bonner Wall zahlreiche Regimegegner gefangengehalten und gequält. Wie an anderen Orten in der Stadt – im »Braunen Haus«, der damaligen Gauleitung in der Mozartstraße [→*Vgl. S. 64*], in den Riehler Heimstätten oder rechtsrheinisch in Porz am Hochkreuz – hatte die SA hier ein »wildes KZ« eingerichtet. Viele Gegner der Nationalsozialisten, die am Bonner Wall willkürlich in »Schutzhaft« genommen wurden, sind von hier aus in die neu errichteten Konzentrationslager Börgermoor und Esterwegen gebracht worden. Die Nationalsozialisten haben diese Vorgänge gar nicht verheimlicht, vielmehr berichteten sie im Westdeutschen Beobachter in aller Offenheit, daß sie das Gefängnis endlich wieder »sinnvoll« nutzen konnten. Auch die Verschleppung der Gefangenen in die KZs schilderten sie triumphierend.

Fortsetzung von Tourenkarte S. 73

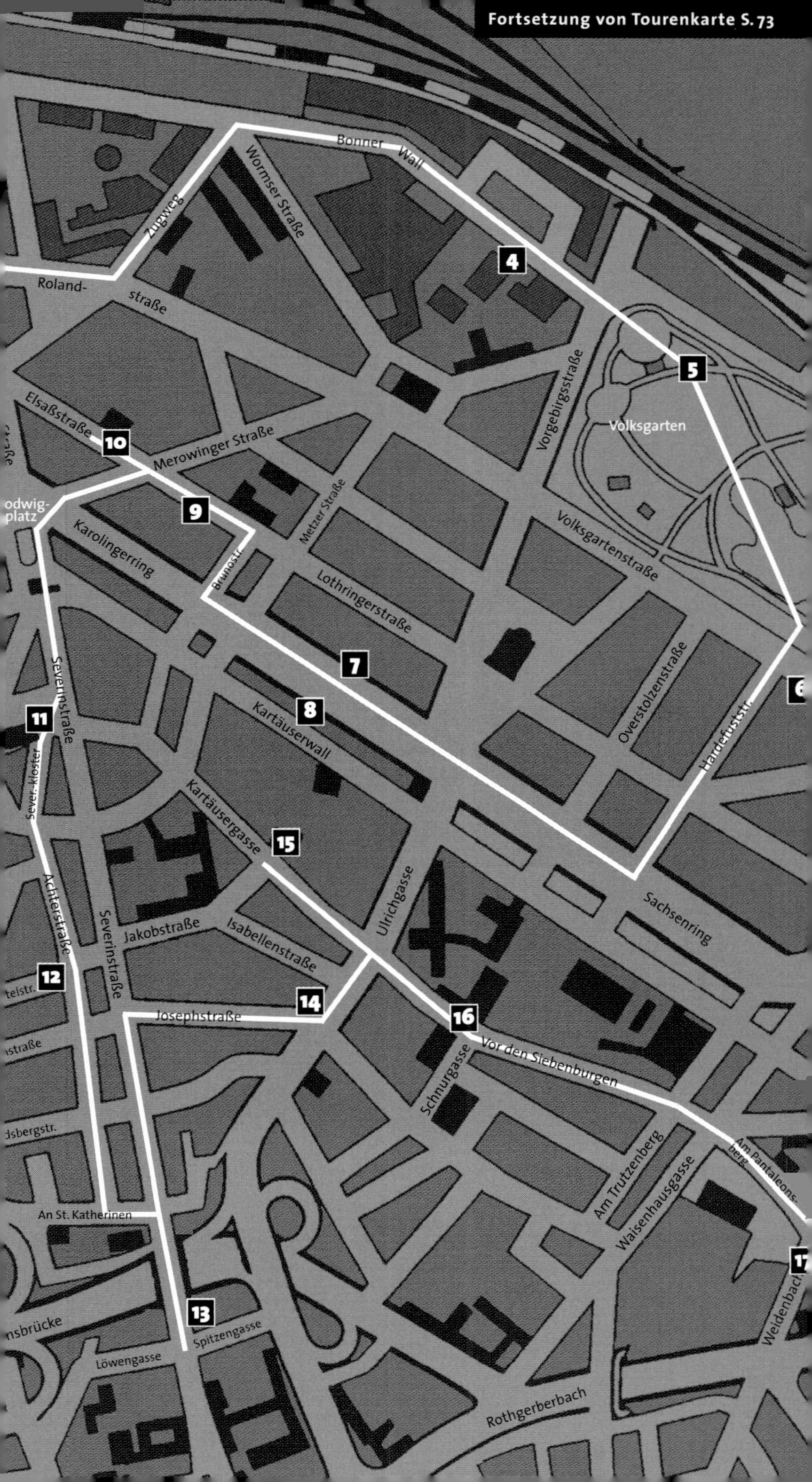

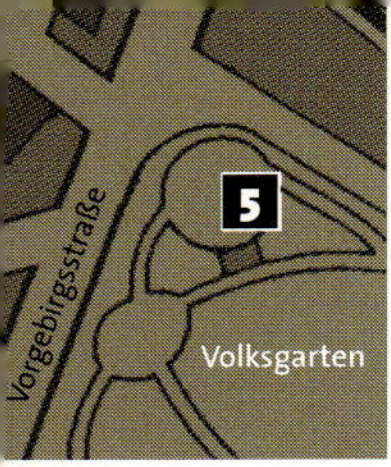

Erst im März 1934 wurde das Polizeigefängnis endgültig geschlossen und die verbliebenen Gefangenen wurden in das Stadtgefängnis Klingelpütz überführt. Später waren hier Wohnungen und Gewerbebetriebe sowie die Bauunternehmung Walther Berndt angesiedelt. Während des Krieges beschäftigte der Bauunternehmer auch zahlreiche Zwangsarbeiter, die aus nahezu allen besetzten Ländern kamen. Die Belegstärke des Lagers Bonner Wall 108 lag zwischen 150 und 200 Mann.

Am westlichen Ende des Bonner Walls liegt der **5 Volksgarten**, der Ende der neunziger Jahre des vorigen Jahrhunderts errichtet wurde. Der großzügig und sehr abwechslungsreich gestaltete Landschaftspark bezieht auch das frühere Fort IV des preußischen Festungswalls mit ein. Der Park, der damals noch Lunapark hieß, war in der NS-Zeit einer der zentralen Treffpunkte für die **»Edelweißpiraten«**.

Die Edelweißpiraten versuchten, sich durch ihr Verhalten, ihre Kleidung und durch ihr eigenes Liedgut dem uniformierten Zwang der HJ zu entziehen. Zum Teil knüpften sie dabei an die Traditionen der bündischen Jugend an, die von der HJ vereinnahmt und unterdrückt worden war. Dies hatten sie mit vielen anderen Jugendcliquen gemeinsam, die

Edelweißpiraten in Köln

Sechs Ehrenfelder Jugendliche, die zu den Edelweißpiraten gehörten, schlossen sich 1944 einer nur locker bestehenden Gruppe um Hans Steinbrück an, zu deren Umfeld auch entflohene KZ-Häftlinge und »arbeitsvertragsbrüchige« Zwangsarbeiter gehörten. Steinbrück, ein Abenteurertyp, war mit der SS-Baubrigade aus dem KZ Buchenwald in das Messelager gekommen und hatte sich bald in der Stadt einen legendären Ruf als »Bombenhans« gemacht, der zahlreiche Bomben entschärft hatte. Im Oktober 1943 floh er aus dem Messelager.

Die Gestapo zerschlug die Gruppe im Herbst 1944 und am 10. November 1944 wurden dreizehn ihrer Mitglieder in Ehrenfeld öffentlich hingerichtet: außer Steinbrück selbst wurden auch die sechs jugendlichen Edelweißpiraten Gustav Bermel, Johann Müller, Franz Rheinberger, Bartholomäus Schink, Adolf Schütz und Günther Schwarz erhängt. Bereits am 25. Oktober 1944 waren an der gleichen Stelle elf Zwangsarbeiter aus Polen und der Sowjetunion hingerichtet worden, die ebenfalls von einem Sonderkommando der Gestapo, dem berüchtigten Kütter-Kommando, verhaftet worden waren.
In Ehrenfeld wurde eine Straße an der Bahntrasse jenseits des Ehrenfeldgürtels nach Bartholomäus Schink benannt. Dort erinnert eine Gedenktafel an die 24 Opfer der beiden Hinrichtungen, die dort stattfanden.

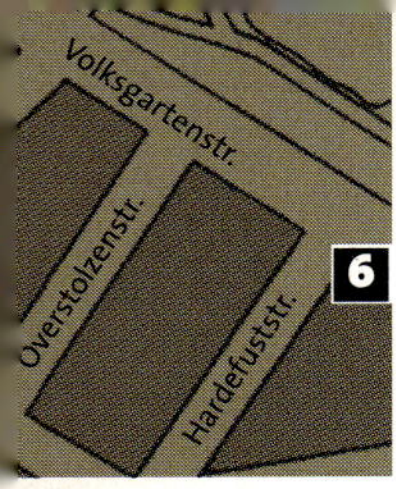

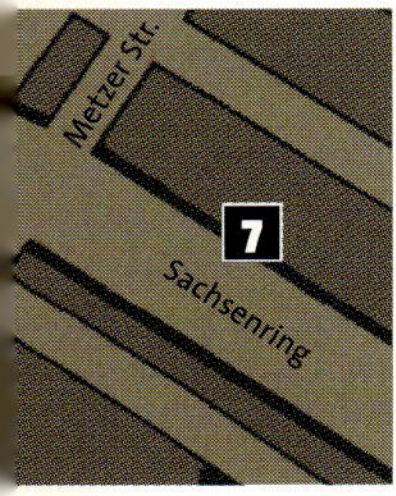

sich dem Anspruch des Regimes auf bedingungslose Gefolgschaft entziehen wollten. Ab etwa 1938 tauchten die Edelweißpiraten im Rheinland und in Köln auf; die meisten von ihnen waren Jugendliche aus Arbeiterfamilien, und sie waren in der Regel nicht älter als achtzehn Jahre.

Je länger der Krieg dauerte und je aussichtsloser die Lage in der Stadt gerade für die Jugendlichen wurde, desto größer wurde der Zulauf zu den Jugendgruppen. 1942/43 gehörten tausende Jugendliche in Köln zu den Edelweißpiraten oder ähnlichen Gruppen. Die meisten von ihnen wollten sich deutlich von der HJ abgrenzen und erlebten häufig Konflikte mit der HJ oder sogar mit der Gestapo, einen politischen Widerstand bezweckten aber nur die wenigsten. Einige Jugendliche, die sich in einem Klub »Edelweißpiraten« organisiert hatten, entschlossen sich 1943 zu einem solchen Widerstand, indem sie Flugblätter verteilten und HJ-Streifen und -Heime überfielen. Die Gruppe wurde jedoch aufgedeckt, und sechzehn von ihnen wurden vor Gericht gestellt und zu Gefängnisstrafen verurteilt.

In der 6 **Volksgartenstraße 62**, fast am Eifelplatz, war zumindest in den Jahren 1933 und 1934 ein Teil der »Gebietsführung« der **Hitler-Jugend HJ** untergebracht. Die heutige Bebauung in diesem Abschnitt der Volksgartenstraße stammt allerdings aus der Nachkriegszeit. [→*Vgl. zur HJ S. 87/88*]

Sachsenring 41 war der Standort der 7 **SA-Standarte 136**, die wie die SA-Standarte 16 in der Maastrichter Straße 36 zur SA-Brigade 71 gehörte, deren Geschäftsstelle in Köln-Lindenthal am Stadtwaldgürtel 1 untergebracht war. Die Brigade gehörte zur SA-Gruppe Niederrhein, deren Sitz in Düsseldorf war. Über die Rangebenen unterhalb der Standarten, die Sturmbänne und Stürme, ist für Köln kaum etwas bekannt; dies gilt leider auch für die

Das Kasino der SS-Standarte 58

Neues Leben in einem alten Haus am Ring

Nun hat auch die kampferprobte SS-Standarte 58 ihr eigenes Kasino, ein Heim, in dem sich die Angehörigen der Standarte nach geleistetem Dienst wohlfühlen sollen. Ein altes Haus auf dem Sachsenring — Nr. 66 —, das von seinem früheren Besitzer bereits vor zwei Jahren verlassen worden und somit dem Verfall ausgesetzt war, ist durch die Initiative des Kameraden Ludwig Welter und durch die Unterstützung der Standarte und des Standartenführers Marx im besonderen, zweckentsprechend hergerichtet worden.

Noch vor einem guten halben Jahr diente dies Haus geheimen Versammlungen der Kommune, die nachts sich in das villenartige Gebäude einschlichen, bis sie eines Abends durch die wachsame SS und SA in ihrem Unterschlupf ausgehoben wurden. Monate hindurch betrat dann kein Mensch mehr dies alte Haus. — Der Kasinoleiter Welter mußte erst umfangreiche Arbeiten durchführen lassen, ehe die Räume ihrem neuen Zweck zugeführt werden konnten. Aber der Wille war vorhanden, der SS ein eigenes Kasino zu schaffen — und so wurde der Wille auch zur Tat.

In diesen Tagen konnte nun die alte Villa ihrer neuen Bestimmung durch einen feierlichen Akt übergeben werden. Beschattet von den alten Ulmen des Ringes hebt sich das Kasino, das mit den Symbolen des neuen Deutschland geschmückt ist, idyllisch hervor. Die 14 Räume, die der Standarte zur Verfügung stehen, sind zweckentsprechend eingerichtet. Im Erdgeschoß finden wir einen großen Unterrichtsraum, der auch für Appelle geeignet ist. Daneben ein Führer-Arbeitszimmer, in dem die einzelnen Trupp- und Sturmführer ihre Besprechungen, geschäftlichen und dienstlichen Angelegenheiten erledigen können. Im Hochparterre sind die eigentlichen Kasinoräume mit dem Büffet. Außer den Aufenthaltsräumen ist auch ein Spielzimmer mit Billard usw. vorhanden. Im Obergeschoß sind drei Räume für Besprechungen vorgesehen, und ein weiteres Zimmer soll zu einem Schlafraum hergerichtet werden für die Kameraden, die aus irgendeinem Grunde ihre Wohnung nicht mehr aufsuchen können oder die sonstwie zur besonderen Verwendung stehen.

Alles in allem kann man sagen, daß hier etwas geschaffen worden ist, auf das die Standarte 58 Köln stolz sein darf. Die Kameraden sollen sich hier wohlfühlen, das Haus soll vor allem der Pflege der Kameradschaft im Sinne unseres Führers Adolf Hitler gelten.

Verantwortlich: K. R. Moritz, Köln

konkrete Tätigkeit der SA in der Stadt und ihr Auftreten überhaupt. Auch über die SS in Köln weiß man nichts Näheres; jedenfalls besaß die in Köln-Braunsfeld stationierte **8 SS-Standarte 58** am Sachsenring 66 ein Kasino. Damit waren die militärischen Abteilungen der NSDAP in der Südstadt sehr präsent.

Auf dem Weg zum Chlodwigplatz sollte man durch die **9 Elsaßstraße** gehen, die parallel zum Ring durch die Neustadt verläuft. In dieser Straße, bei der wohl die meisten Kölner zuerst an einen Polterabend denken werden, fand am 3. März 1933, mitten in der Phase der »Machtergreifung« und wenige Tage vor der entscheidenden Reichstagswahl vom 5. März, eine **Straßenschlacht** zwischen marschierenden SA-Trupps und Anwohnern statt. Offensichtlich wollte die SA in dem traditionellen Arbeitergebiet, das als Kommunistenhochburg galt, provozieren. Sie wurde anfangs zwar von den Anwohnern vertrieben, kehrte dann aber mit schwer bewaffneten Polizeieinheiten zurück. Die Überfallkommandos der Polizei, die sogar einen Panzerwagen mitgebracht hatten, eröffneten das Feuer und bekämpften den spontanen und unorganisierten Widerstand der Anwohner. Dieser Kampf mit der Polizei dauerte bis tief in die Nacht; Polizeipräsident Lingens, der sich alle Mühe gab, die Polizei reibungslos in die ›neuen Verhältnisse‹ einzubinden, begutachtete persönlich diesen fragwürdigen Polizeieinsatz. Die Zusammenarbeit zwischen Polizei und SA war nicht zuletzt auch dadurch möglich geworden, daß die SA- und SS-Einheiten am 22. Februar 1933 durch einen Erlaß Görings zu Hilfspolizisten gemacht wurden. Mehr als 70 Menschen wurden in dieser Nacht festgenommen und einige von ihnen starben in den neu errichteten Konzentrationslagern der Nationalsozialisten.

Restaurierte Hofanlage mit der Gedenktafel für die Opfer der Straßenschlacht

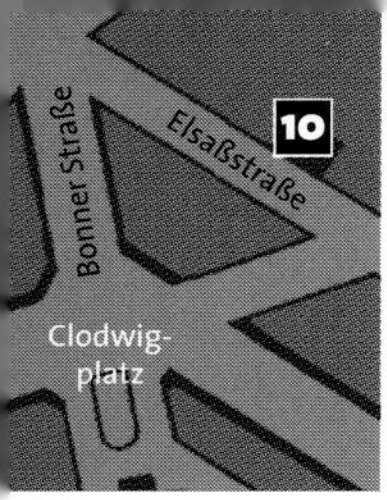

Am Haus Elsaßstraße 45–47, einer bereits um 1900 errichteten, mit rotem Ziegelstein verkleideten Hofanlage mit Arbeiterwohnungen, die vor einigen Jahren gründlich restauriert und modernisiert wurden, ist zur Erinnerung an dieses Ereignis seit dem 3. März 1995 eine Bronzetafel angebracht.

3. März 1933
Wenige Wochen nach der Machtübernahme / marschierten SA-Trupps erstmals durch / die Elsaßstraße, die als Hochburg der / Kommunisten galt. Die Bewohner bewarfen / die Nationalsozialisten aus den / Fenstern mit Blumentöpfen, Flaschen, / Mülltonnen und anderen Gegenständen. / Die Polizei eröffnete daraufhin das / Feuer und nahm 70 Personen fest.

Die Gedenktafel wurde auf Beschluß der Bezirksvertretung Innenstadt angebracht und ersetzte ein Holzschild, das hier schon früher an die Ereignisse des 3. März 1933 erinnert hatte. Es fiel aber der Restaurierung der sogenannten »Elsaßkaserne« zum Opfer.

Sehr umstritten war lange Zeit die Gestaltung des **10 Hochbunkers** in der Elsaßstraße 42, an dessen Fassade ein Gemälde an die Ereignisse erinnern sollte. So jedenfalls beschloß es im Jahr 1986 die Bezirksvertretung. Weder das Bundesvermögensamt als Eigentümerin des Hochbunkers noch das Bundesfinanzministerium konnten sich jedoch zu einer Genehmigung des öffentlichen Bildes durchringen. Als Grund führten die Behörden an, daß ein solches Bild einen »optischen Störfaktor« im Wohngebiet darstellen würde.

Schließlich bemalte der Kölner Graffitti-Künstler Klaus Payer eigenmächtig die Bunkerwand, um an die Straßenschlacht zu erinnern.

Dieses Bild wurde jedoch von den Ordnungsbehörden zweimal wieder übermalt und erst die dritte Version des Gemäldes, entstanden bei einem »antifaschistischen« Bürgerfest, wurde endlich geduldet. Trotz des späten und guten Endes bleibt diese Episode doch ein trauriges Beispiel dafür, wie sich auch in einer demokratischen Gesellschaft die Prinzipien der öffentlichen Ordnung gegen die ausdrücklichen Interessen aller Beteiligten richten können.

Über den Chlodwigplatz mit der Severinstorburg erreicht man schnell die belebte Severinstraße, das Herz des Veedels. In der romanischen Kirche **11** **St. Severin** erinnert am Eingang zur Marienkapelle seit 1967 eine Gedenktafel an **Benedikt Schmittmann**.

Hier betete mit uns / der Kölner / Universitätsprofessor / Dr. Benedikt / Schmittmann, / der am 13. 9. 1939 im KZ / ermordet wurde. / Er gab sein Leben / für / Freiheit und / Menschenwürde.

Schmittmann, geb. 1872 in Düsseldorf, war Professor für Sozialwissenschaften an der Kölner Universität. Die Nationalsozialisten hatten den angesehenen Verfechter der katholischen Soziallehre erstmals unmittelbar nach ihrer »Machtergreifung« in Schutzhaft genommen und mißhandelt; zugleich verlor er damals seinen Lehrstuhl an der Universität. Unmittelbar nach Kriegsausbruch wurde Schmittmann erneut verhaftet und am 8. September 1939 in das KZ Sachsenhausen überstellt. An den dortigen Mißhandlungen starb er bereits am 13. September 1939. Nach Benedikt Schmittmann ist eine Straße in Lindenthal benannt.

Von St. Severin aus erreicht man durch die Achterstraße, die parallel zur Severinstraße verläuft, die **12** **Quentelstraße**. Wo heute eine kleine Grünanlage von spielenden Kindern und Jugendlichen bevölkert wird, befand sich ab April 1933 die **Gebietsführung des HJ-Gebietes 11 »Mittelrhein«**, was der Gauebene der NSDAP entsprach. Das Haus, das mit propagandistischem Pomp am 29. April 1933 als HJ-Zentrale eingeweiht wurde, hieß jetzt **»Schirach-Haus«**, benannt nach dem »Reichsjugendführer« Baldur v. Schirach. Ursprünglich gehörte das Gebäude jedoch der Sozialistischen Arbeiterjugend SAJ; die Übernahme durch die HJ schon im April 1933 war ein weiteres Ergebnis der Unterdrückung der Arbeiterparteien in den ersten Monaten des NS-Regimes.

Park und Tiefgarage an der Stelle des früheren »Schirach-Hauses«

Ab 1933 nahm die Zahl der HJ-Mitglieder schnell zu. Die Unterdrückung und Behinderung der anderen Jugendorganisationen und massive Propaganda bewirkten gemeinsam diesen Mitgliederzuwachs. Die HJ benötigte daher bald viel mehr Funktionäre, die die Schulung der immer zahlreicheren HJ-Führer, die Kontrolle der einzelnen Unterabteilungen oder die propagandistischen Aufgaben organisieren mußten. Diese wachsende HJ-Gebietsführung in Köln bezog Ende 1934 zusammen mit der Gauleitung der NSDAP das alte Universitätsgebäude in der Claudiusstraße; sie nutzte aber das Haus in der Quentelstraße und die Räume in der Volksgartenstraße weiterhin.

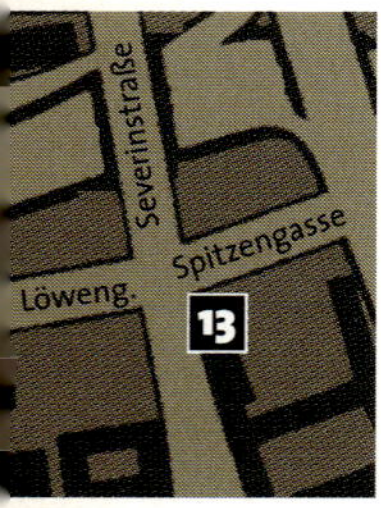

Dort, wo die Severinstraße die Auffahrt zur Severinsbrücke überquert und wo heute ein großes Hotel errichtet ist, stand seit 1906 das sogenannte **13** **»Volkshaus«**, das die Kölner SPD gemeinsam mit den Gewerkschaften errichtet und bezogen hatte. Bis 1933 war das Volkshaus der zentrale Ort der sozialdemokratischen Arbeiterbewegung in Köln. Von hier aus wurde sie geleitet und hier fanden zahlreiche große Kundgebungen statt, etwa als kurz vor dem Beginn des Ersten Weltkriegs rund 10 000 Menschen gegen diesen drohenden Krieg protestierten. Auch nach dem Krieg und nach der Spaltung der Arbeiterbewegung in SPD und KPD sowie in sozialistische und kommunistische Gewerkschaften blieb das Volkshaus die Zentrale der SPD und der Allgemeinen Deutschen Gewerkschaft ADGB in Köln.

Nachdem bereits im Februar 1933 zahlreiche sozialdemokratische Funktionäre verhaftet worden waren und die Nationalsozialisten das Verlagshaus der »Rheinischen Zeitung«, das »August-Bebel-Haus«, übernommen hatten, wurde am 2. Mai 1933 das »Volkshaus« von Angehörigen der »Nationalsozialistischen Betriebszellen-Organisation« (NSBO), einer gewerkschaftsähnlichen NS-Organisation, gestürmt. Etwa fünfzig Gewerkschafter wurden verhaftet und in »Schutzhaft« genommen. Am selben Tag wurden überall im Reich die sozialistischen Gewerkschaften zerschlagen. Nach der erzwungenen Selbstauflösung der übrigen Gewerkschaften waren alle Arbeiter und Arbeitnehmer nur noch in der »Deutschen Arbeitsfront« (DAF) organisiert, in die auch die NSBO eingegliedert wurde. [→*Vgl. zum Haus der christlichen Gewerkschaften« S. 21 / 22; zur DAF-Gauleitung S. 30–32*]

Im Kölner »Volkshaus« wurde nach dem 2. Mai 1933 die »Kreisleitung linksrheinisch-Süd« der DAF untergebracht. Schwere Bombentreffer haben das Gebäude zerstört, und nach dem Krieg wurde es nicht wieder errichtet.

In einer kleinen Querstraße der Severinstraße, in der **14** **Josephstraße 37**, war in den dreißiger Jahren die **NSDAP-Kreisleitung Köln-Stadt linksrheinisch-Süd** untergebracht. Die NSDAP in Köln war ab 1932 organisatorisch in drei, rechnet man den Kreis Köln-Land mit, in vier Kreise unterteilt. Im Jahr 1937 waren dem Kreis Linksrheinisch-Süd insgesamt 21 Ortsgruppen zugeordnet. Die Kreise wurden 1942 zusammengefaßt zum »Kreis Hansestadt Köln«.

GESCHÄFTSSTELLEN DER NSDAP-ORTSGRUPPEN AUF DEM GEBIET DER TOUR 3:

Alteburger Straße 71:
Ortsgruppe Severin *(April – Juni 1934)*
Alteburger Wall 29:
Ortsgruppe Chlodwigplatz *(ab Dez. 1937)*; Ortsgruppe Römerpark *(1939 – 1943)*
Am Weidenbach 11–13:
Ortsgruppe Siebenburgen *(1945)*; Ortsgruppe Weidenbach *(1943)*
An der Bottmühle 5:
Ortsgruppe Severin *(August 1933–April 1934)*
Annostraße 86:
Ortsgruppe An der Eiche *(1939)*
Arndtstraße 4:
Ortsgruppe Barbarossaplatz *(1937)*
Bayenstraße 65:
Ortsgruppe Bayenturm *(1939)*; Ortsgruppe Katharinenhof *(1939)*; Ortsgruppe Severin *(1936/37)*
Bonner Straße 35:
Ortsgruppe Chlodwigplatz
Bonner Straße 87:
Ortsgruppe Chlodwigplatz *(1938/39)*; Ortsgruppe Wormser Platz *(Juni 1933)*
Dreikönigenstraße 1a:
Ortsgruppe Bayenturm *(1943)*
Eifelstraße 12:
Ortsgruppe Duffesbach *(1934)*
Eifelstraße 30:
Ortsgruppe Duffesbach *(September 1933)*
Friedenstraße 16:
Ortsgruppe Trutzenberg *(Juli 1933 – Juni 1934)*
Heisterstraße 12:
Ortsgruppe Siebenburgen *(1938/39)*
Hochstadenstraße 12:
Ortsgruppe Barbarossaplatz *(1945)*
Im Dau 8:
Ortsgruppe Ulrepforte *(1939–1943)*; Ortsgruppe Siebenburgen *(1935/35–1936/37)*
Kaesenstraße 24:
Ortsgruppe Ulrich von Hutten *(1945)*
Kleingedankstraße 3:
Ortsgruppe Volksgarten *(1939–1943)*; Ortsgruppe Eifelplatz *(1936/37)*
Kyffhäuserstraße 14:
Ortsgruppe Barbarossaplatz *(ab September 1933)*
Kyffhäuserstraße 39:
Ortsgruppe Barbarossaplatz *(Januar 1939–1943)*
Lothringer Straße 1:
Ortsgruppe Elsaßstraße *(1933)*
Martin-Luther-Platz 25:
Ortsgruppe Ulrich von Hutten *(1938/39)*
Metzer Straße 6:
Ortsgruppe Volksgarten *(ab Februar 1935)*; Ortsgruppe Merowinger *(1939)*; Ortsgruppe Ulrich von Hutten *(1936/37)*
Pantaleonsmühlengasse 34:
Ortsgruppe Weidenbach *(1939)*
Pantaleonswall 50a:
Ortsgruppe Weidenbach *(1934)*
Perlengraben 101:
Ortsgruppe Siebenburgen *(1943)*
Pfälzer Straße 16:
Ortsgruppe Burgunder *(1939–1943)*
Pfälzer Straße 55:
Ortsgruppe Barbarossaplatz *(1934)*
Quirinstraße 1:
Ortsgruppe Perlengraben *(1939)*
Rolandstraße 63:
Ortsgruppe Ulrich von Hutten *(1943)*
Roonstraße 33:
Ortsgruppe Barbarossaplatz *(ab Februar 1938)*
Saarstraße 5:
Ortsgruppe Barbarossaplatz *(Juli – Sept. 1933)*; Ortsgruppe Duffesbach *(Juli – Sept. 1933)*
Saarstraße 16:
Ortsgruppe Eifeltor *(1939)*
Trajanstraße 1:
Ortsgruppe Köln-Süd *(September 1934)*
Trajanstraße 15:
Ortsgruppe Köln-Süd *(ab Juli 1933)*; Ortsgruppe Chlodwigplatz *(1935)*
Ubierring 55:
Ortsgruppe Chlodwigplatz *(1936)*
Ubierring 56:
Ortsgruppe Chlodwigplatz *(1937)*
Ubierring 57:
Ortsgruppe Severin *(Juni –Okt. 1934)*
Ulrichgasse 16a:
Ortsgruppe Siebenburgen *(1934/35)*; Ortsgruppe Trutzenberg *(ab Juni 1934)*
Weyerstraße 54:
Ortsgruppe Weidenbach *(1934)*
Wormser Platz 5:
Ortsgruppe Wormser Platz *(August 1933–Okt. 1934)*
Zülpicher Platz 1:
Ortsgruppe Barbarossaplatz *(ab November 1934)*

[→*Vgl. S. 115–117*]

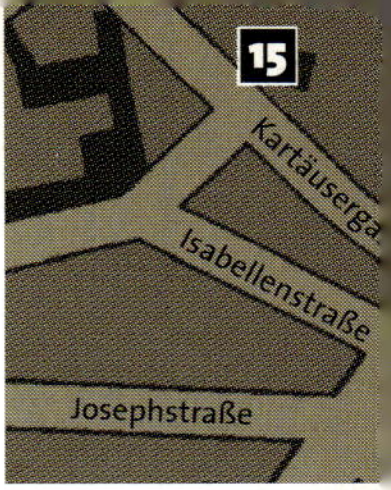

Im Innenhof der **15 Kartäuserkirche** in der Kartäusergasse erinnert seit 1982 ein Mahnmal an **Georg Fritze**, einen ehemaligen Pfarrer der Gemeinde.

Tim. 6 Vers 12
Kämpfe den guten Kampf des Glaubens. Ergreife das ewige Leben, dazu du auch berufen bist und bekannt hast das gute Bekenntnis vor vielen Zeugen.
In Dankbarkeit / Zur Erinnerung an Pfarrer Georg Fritze, der vom 24.4. 1916 bis zu seiner unrechtmäßigen Entfernung aus dem Amt am in unserer Gemeinde den Dienst am Wort Gottes versah.

Als Kanzel gestaltet: Das Mahnmal für Pfarrer Georg Fritze

Georg Fritze, geb. 1872, war als Sozialdemokrat und Pazifist in Köln als »roter Pfarrer« bekannt. Innerhalb der protestantischen Kirche Kölns, die sich wie überall im Reich mehrheitlich den »Deutschen Christen« anschloß – einer Richtung, die sich sehr stark an den Nationalsozialismus und sein Führerprinzip anlehnte – gehörte Fritze zu den wenigen entschiedenen Gegnern der Nationalsozialisten. Er schloß sich der Bekennenden Kirche an und wandte sich in seinen Predigten gegen die neuen Machthaber – trotz ständiger Angriffe der Nationalsozialisten und andauernder Bespitzelung. Seine Gemeinde folgte ihm darin allerdings nicht, vielmehr rückte die Gemeindeleitung, die sich den »Deutschen Christen« angeschlossen hatte, immer mehr von ihm ab. Nachdem Fritze im April 1938 zu den wenigen Pfarrern in Deutschland gehörte, die den Treue-Eid auf den »Führer« verweigerten, entfernte das Presbyterium ihren unbequemen Pfarrer im Oktober 1938 aus seinem Amt. Nur wenig später, am 3. Januar 1939, starb der enttäuschte Georg Fritze.

In der Verlängerung der Kartäusergasse über die Ulrichgasse hinaus steht in der Straße »Vor den Siebenburgen« die barocke Kirche **16** **Maria v. Frieden**, die zum Kölner Kloster der Karmelitinnen gehört, das im siebzenten Jahrhundert von den spanischen Niederlanden aus gegründet

wurde. Bis zur Säkularisation unter Napoleon im Jahr 1802 gehörte die Kirche zum Kloster, danach wurde sie bis zum Ende des 2. Weltkrieges als Pfarrkirche genutzt, während der Orden sich um 1900 an der Dürener Straße ein neues Kloster einrichtete. Nach 1945 errichteten die Karmelitinnen ihr Kloster wieder »Vor den Siebenburgen«, und seit einigen Jahren erstrahlt auch die Kirche wieder im barocken Glanz. In der dortigen Krypta erinnert seit 1957 eine Gedenktafel an **Edith Stein**.

SR. Teresia Benedicta a Cruce
Dr. phil Edith Stein / geboren 12.10.1891 / in Breslau. Getauft /
In den Karmel eingetreten / Nach Auschwitz deportiert
2.8.1942, dort / getötet 9.8.1942.
Sie starb als Märtyrerin für ihr Volk / und ihren Glauben.

Edith Stein, 1891 in Breslau als Tochter einer orthodoxen jüdischen Familie geboren, studierte in Breslau, Göttingen und schließlich Freiburg Philosophie, wo sie im Jahr 1918 bei Edmund Husserl promovierte. Anschließend war sie Husserls Assistentin, bis sie 1922 zum katholischen Glauben übertrat. Danach arbeitete sie bis 1931 als Lehrerin an einer Dominikanerinnenschule in Speyer und wurde 1932 Dozentin am Institut für Wissenschaftliche Pädagogik in Münster. Am 7. April 1933 wurde sie aufgrund des sogenannten »Arierparagraphen« im Beamtengesetz entlassen. Noch 1933 trat sie als Ordensschwester in das Kölner Karmelitin-

Die junge
Edith Stein

nenkloster an der Dürener Straße in Lindenthal ein, wo sie den Namen Teresia Benedicta a Cruce annahm. Im Dezember 1938 floh Edith Stein wegen der drohenden Verhaftung und um ihre Kölner Mitschwestern zu schützen in den Karmel in Echt in den Niederlanden. Dort wurde sie am 2. August 1942 gemeinsam mit ihrer Schwester Rosa verhaftet und in das KZ Auschwitz deportiert, wo beide ermordet wurden. Edith Stein wurde am 1. Mai 1987 in Köln von Papst Johannes Paul II. seliggesprochen und am 11. Oktober 1998 in Rom heiliggesprochen.
[→*Vgl. auch zum Edith-Stein-Denkmal S. 29*]

Die Kirche ist zwar tagsüber nicht ganz verschlossen, kann aber nur durch ein Gitter unmittelbar hinter dem Eingang betrachtet werden. Vor und nach den Gottesdiensten und der abendlichen Vesper kann sie aber wie auch die Krypta besichtigt werden.

Die Stadtwanderung durch die Südstadt endet am **17 Weidenbach 10**. Hier war bis in die letzten Kriegswochen hinein die **Landeskriminalpolizeistelle** für die Regierungsbezirke Köln, Trier und teilweise auch Koblenz untergebracht. Sie war wie die Schutzpolizei und die Landespolizeibehörden eng in den Macht- und Unterdrückungsapparat der NSDAP eingebunden. Die Kriminalpolizei war seit 1936 neben der Gestapo Teil der »Sicherheitspolizei«, deren Leiter im Reich Reinhard Heydrich war. 1939 wurde die Sicherheitspolizei endgültig mit dem Sicherheitsdienst der SS verschmolzen. Die Kriminalpolizei war jetzt formell mit der SS verbunden, folgerichtig wurden die Polizeidienstränge und die SS-Ränge einander angeglichen.

Zwar wurde die Kriminalpolizei durch die Entstehung der Gestapo teilweise in ihrem Zuständigkeitsbereich beschnitten, andererseits wuchsen aber auch die Erwartungen

der neuen Machthaber an sie. Vor allem bei der Bekämpfung der sogenannten »Asozialen« – das waren Bettler, Obdachlose, Prostituierte, aber auch andere Menschen, die sich nicht in die gesellschaftlichen Verhältnisse fügen wollten oder konnten –, bei der Erfassung und der späteren Deportation der Roma und Sinti aus Köln sowie schließlich bei der Verfolgung der Homosexuellen war die Kriminalpolizei und nicht die Gestapo zuständig. Sie erfüllte den Auftrag der braunen Machhaber, so gut sie konnte.

Offensichtlich war der Grund für die aktive Unterstützung der Nationalsozialisten durch die Kriminalpolizei nicht alleine Opportunismus oder ein vermeintlicher Befehlsnotstand. Vielmehr hatte die Kriminalpolizei in Deutschland bereits seit den Zwanziger Jahren intensiv darüber nachgedacht, wie eine »vorbeugende Verbrechensbekämpfung« die »geborenen« Verbrecher frühzeitig identifizieren und aus dem Verkehr ziehen könnte. Die Vorstellung des »Berufsverbrechers«, die die Theoretiker der Kriminalpolizei dabei entwickelten, war biologistisch bestimmt. Mit Hilfe von Statistiken sollte belegt werden, daß sich die Kriminalität in den Familien vererbte.

Wenn also die NS-Ideologen die Bekämpfung der »Asozialen« forderten, trafen sie bei vielen Kriminalbeamten auf offene Ohren. Sie konnten jetzt hoffen, das »Milieu« des Verbrechens mit Hilfe des nationalsozialistischen Rassen-Programms zu beseitigen. Die rechtsstaatlichen Einschränkungen der Weimarer Zeit, oft als Hindernis bei der Polizeiarbeit betrachtet, fielen nun weg. »Vorbeugehaft« war jetzt das Machtinstrument, mit dem die Polizei gegen diejenigen vorgehen konnte, die aus dem nationalsozialistisch bestimmten Raster des ordentlichen »Volksgenossen« herausfielen. So konnten sich also Übereinstimmungen zwischen den Vorstellungen der Nationalsozialisten und Überlegungen in Kreisen der Polizei ergeben. [→*Vgl. zum Schwulen- und Lesbendenkmal S. 36 – 38*]

In das NS-Regime verstrickt: Die Polizei

KRIMINALPOLIZEI UND IHRE GESCHICHTE

Das Gebäude der Kriminalpolizei wurde am 2. März 1945 bei dem letzten schweren Bombenangriff auf Köln zerstört und nach 1945 nicht wieder aufgebaut. Die Akten der Kriminalpolizei wurden aber zum Teil in Sicherheit gebracht und obwohl das Polizeipräsidium die Existenz solcher Akten lange Zeit geleugnet hat, wurden dort im Keller vor einigen Jahren zahlreiche Unterlagen gefunden, die beispielsweise die Verfolgung der Roma und Sinti in Köln betreffen. Mittlerweile hat bei der Kölner Polizei ein offener und kritischer Umgang mit der eigenen Geschichte im Nationalsozialismus begonnen; gemeinsam mit dem NS-Dokumentationszentrum der Stadt Köln und weiteren Fachhistorikern wird die Geschichte der Kölner Polizei im Dritten Reich aufgearbeitet.

Durch die nördliche Innenstadt

Der Hansaplatz mit dem Kunsthandwerksmuseum. Das Haus wurde nach 1945 nicht wieder aufgebaut

Der Rundgang durch die nördliche Innenstadt beginnt am **1** **Hansaplatz**, einer eher unscheinbaren Grünanlage zwischen Hansaring und einem Rest der mittelalterlichen Stadtmauer Kölns. Bis zur Zerstörung im Krieg stand hier das Kölner Kunsthandwerksmuseum, ein stattlicher klassizistischer Bau, der den Platz gerade im Vergleich zur heutigen Gestaltung erheblich aufwertete. In der NS-Zeit hieß der Platz **Spangenbergplatz**, benannt nach einem jungen SA-Mann, der hier im Februar 1933 bei einer bewaffneten Auseinandersetzung mit Kommunisten getötet wurde. Nach einem zweiten erschossenen SA-Mann namens Winterberg wurde außerdem die benachbarte Eintrachtstraße umbenannt. [→*Vgl. S. 102; 104*]

Blutige Kämpfe zwischen Kommunisten und Nationalsozialisten waren gerade am Ende der Weimarer Republik keine Seltenheit – auch in Köln. Dabei waren beide Seiten nicht zimperlich. Der Gebrauch von Schußwaffen bei den Straßenkämpfen gehörte ebenso wie regelrechte Mordanschläge zur Strategie der Nationalsozialisten und der Kommunisten. Nach ihrer Machtübernahme konnten die Nationalsozialisten nicht sofort die politischen Widerstände unterdrücken. [→*Vgl. auch die Straßenkämpfe in der Elsaßstraße S. 85*] Sie gingen jetzt aber gezielter und provokativer gegen ihre Gegner vor. Sie begannen, Gefangene zu nehmen und sie zu foltern, und sie setzten einen aufwendigen Propaganda-Apparat ein, um sich gegen die Opposition durchzusetzen.

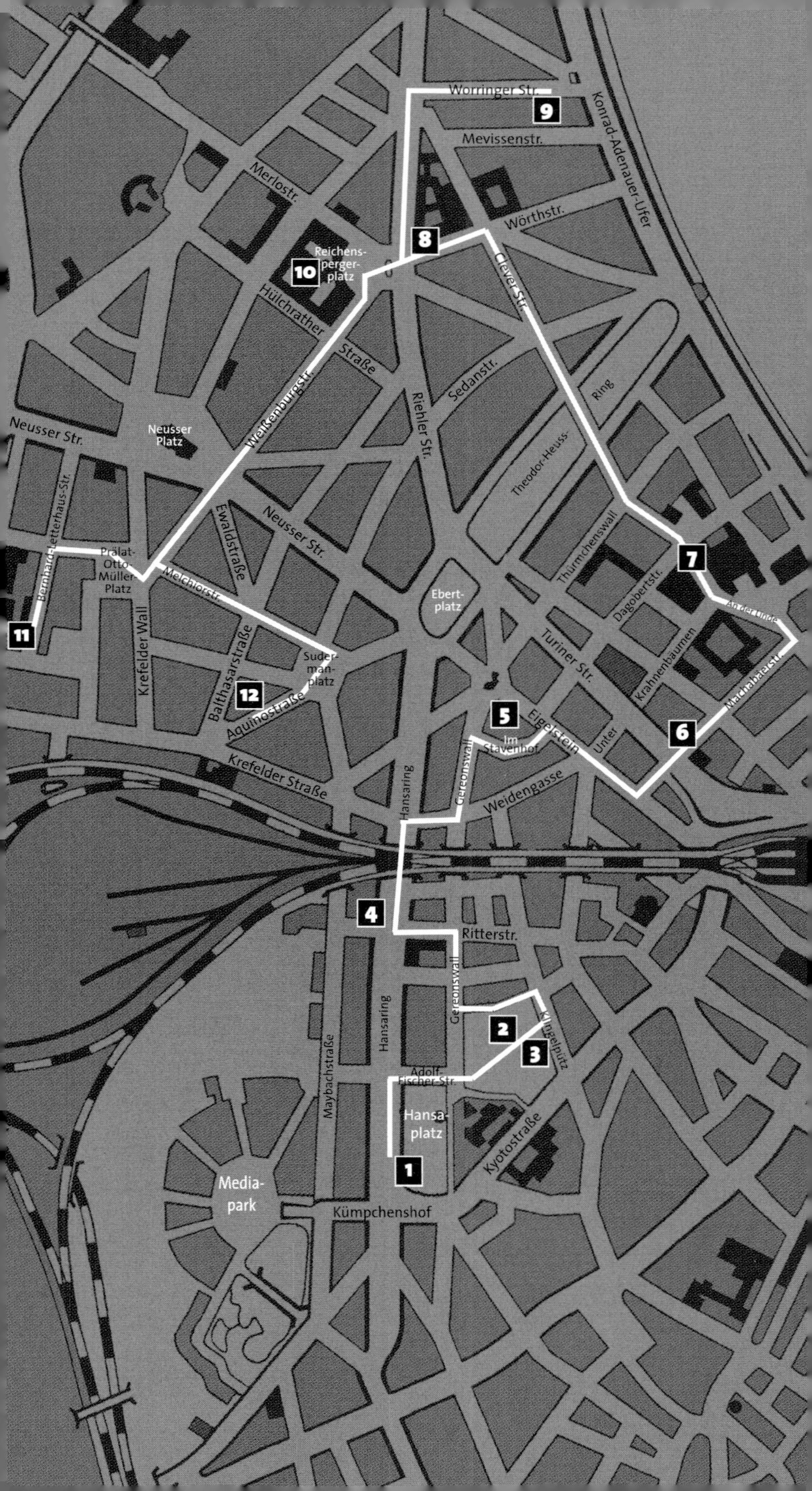

Worringer Str.
9
Konrad-Adenauer-Ufer
Mevissenstr.
Merlostr.
Wörthstr.
8
Reichens-
perger-
platz
10
Hülchrather
Straße
Clever Str.
Ring
Weißenburgstr.
Sedanstr.
Riehler Str.
Theodor-Heuss-
Neusser Str.
Neusser
Platz
Ewaldstraße
Neusser Str.
Thürmchenswall
Bernhard-Letterhaus-Str.
Prälat-
Otto-
Müller-
Platz
Melchiorstr.
Ebert-
platz
7
Dagobertstr.
An der Linde
11
Krefelder Wall
Balthasarstraße
Suder-
man-
platz
Turiner Str.
Krahnenbäumen
Machabäerstr.
12
Aquinostraße
5
Eigelstein
Im
Stavenhof
Unter
6
Krefelder Straße
Hansaring
Gereonswall
Weidengasse
4
Ritterstr.
Gereonswall
Hansaring
2
Klingelpütz
3
Maybachstraße
Adolf-
Fischer-Str.
Hansa-
platz
Kyotostraße
1
Media-
park
Kümpchenshof

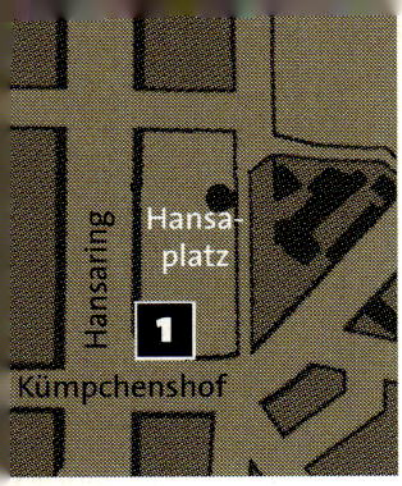

Die Kölner Nationalsozialisten nutzten kurz nach ihrer gefeierten ›Machtergreifung‹ den Mord an Winterberg und Spangenberg für ihre Propaganda aus. Durch die neuen Straßennamen machten sie die beiden SA-Männer zu Märtyrern ihrer Bewegung; sie sollten in Köln eine ähnliche Rolle spielen wie Leo Schlageter, der im Reich von den Nationalsozialisten als ein früher »Blutzeuge« der Bewegung verehrt wurde. Diese **»Blutzeugen«** waren wichtige Identifikationsfiguren und boten zugleich die Gelegenheit zu zahllosen propagandistischen Veranstaltungen. [→*Vgl. zu Schlageter S. 62/63*]

Das Begräbnis von **Winand Winterberg** und **Walter Spangenberg** war in Köln eine der ersten propagandistischen Massenveranstaltungen der neuen Machthaber. Demonstrativ und provokativ zugleich marschierte der Begräbniszug mit den Hakenkreuzstandarten am Dom vorbei. Nicht nur die Spitze der Partei, sondern auch städtische Honoratioren wie der Kölner Polizeipräsident Lingens oder Regierungspräsident Elfgen nahmen am 3. März an dem aufwendigen Begräbnis teil. Die beiden machten später auch die Gerichtsverhandlung gegen die vermeintlichen Täter zu einem öffentlichen Schauprozeß, indem sie, wie der Kölner Gauleiter Grohé und sein Stellvertreter Schaller, die Verhandlungen persönlich verfolgten. Die beiden Beamten waren vielleicht keine ›richtigen‹ Nationalsozialisten, aber sie unterstützten doch jeder auf seine Weise den reibungslosen Übergang in ›die neue Zeit‹ und versuchten, sich und ihre Behörden den neuen Machthabern anzudienen.

Auf dem Hansaplatz, etwas versteckt zwischen Büschen in der Mitte der Grünanlage, befindet sich die **älteste Kölner Gedenkstätte** für die Opfer des Nationalsozialismus. Am 25. Mai 1945 waren auf dem Gelände des Kölner Gefängnisses Klingelpütz – unmittelbar hinter der alten Stadtbefestigung gelegen – die Leichen von einer Frau und sechs Männern ausgegraben worden. Sie wurden am 3. Juni 1945 in der Grünanlage am Hansaring beerdigt, über ihrem Grab befindet sich eine Gedenktafel.

Das Mahnmal Hansaplatz

Hier ruhen
sieben Opfer der Gestapo
Dieses Mal erinnere an
Deutschlands schandvollste Zeit
1933 – 1945

Seit 1958 steht neben der Grabplatte die Bronzeplastik »Mutter mit dem toten Kinde« von **Mari Andriessen**, einem niederländischen Bildhauer. In den fünfziger Jahren diente der Platz mit dem Mahnmal als Ort für die offizielle zentrale Kölner Gedenkfeier am 8. Mai, dem Tag des Kriegsendes.

Weder über die Personen der Toten am Hansaring, die sehr wahrscheinlich ausländische Zwangsarbeiter waren, noch über die Umstände ihres Todes ist Näheres bekannt. Dennoch wurde die allgegenwärtige Gestapo für ihren Tod verantwortlich gemacht, ohne daß eine Mitverantwortung anderer Einrichtungen oder all der Firmen, die Zwangsarbeiter beschäftigten, angesprochen wurde.

Gerade für die Kölner bedeutete der Einmarsch der Amerikaner im März 1945 vor allem das Ende des fürchterlichen Luftkrieges und erst in zweiter Linie auch das Ende eines verbrecherischen Regimes. Der lange Krieg, den nur wenige gewollt hatten, hatte alle gleichermaßen zu Opfern

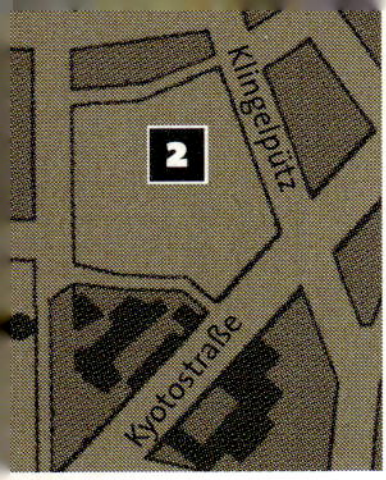

gemacht. Für die zahllosen Verbrechen in der NS-Zeit wurden die Gestapo und vielleicht noch einige führende Parteimitglieder verantwortlich gemacht; vor allem sie galten als Nazis. Viele Deutsche glaubten nach dem Krieg, daß sie selbst von diesen Nationalsozialisten unterdrückt und obendrein in die Schande, die nicht zu leugnen war, hineingetrieben worden waren. Leicht verwischten sich so die Grenzen zwischen Opfern und Tätern.

So wird es verständlich, daß die Mahn- und Gedenkfeiern für die Opfer des Nationalsozialismus am Tag des Kriegsendes gefeiert wurden und nicht beispielsweise am Jahrestag der Reichspogromnacht vom 9. November 1938, wie dies später üblich wurde. Eine offizielle Erinnerung an die vielen Opfer aus den Arbeiterparteien KPD und SPD war während des Kalten Krieges wohl ohnehin nicht denkbar.

Eher unauffällig in der Parklandschaft: Das Mahnmal Klingelpütz

Auf dem Gelände des früheren **2 Klingelpütz** – heute ein Park, dessen Hügel die Trümmer des 1968 abgerissenen Gefängisses verbergen – wurde am 1. September 1979 ein weiterer Gedenkstein der Öffentlichkeit übergeben. Dieses Denkmal wurde von dem Kölner Künstler Karl Burgeff geschaffen: Auf einem Steinquader ist eine Bronzetafel angebracht, die diagonal geteilt ist; auf der einen Hälfte sind die Gitter eines Zellenfensters angedeutet, auf der anderen Hälfte befindet sich die Inschrift:

Hier wurden von 1933 – 1945 / über tausend von der nationalsozialistischen / Willkürjustiz un- / schuldig zum Tod Verurteilte / hingerich- / tet.

Der Klingelpütz war 1838 als preußisches Zentralgefängnis im Rheinland eröffnet worden und galt seinerzeit als ein modernes, nach amerikanischem Vorbild erbautes Zuchthaus. Es bestand aus vier Flügeln, die kreuzförmig um ein achteckiges Zentralgebäude errichtet waren.

Nach 1933 wurde das Gefängnis zur **zentralen Hinrichtungsstätte** für eine ganze Reihe von Sondergerichten: Aachen, Dortmund, Düsseldorf, Duisburg, Essen, Hagen, Wuppertal, Koblenz, Köln und Münster. Außerdem wurden hier Todesurteile des berüchtigten Berliner »Volksgerichtshofs« und des Leipziger Reichsgerichts vollstreckt. Dies erklärt die hohe Zahl von über 1000 Hinrichtungen, wenngleich ihre genaue Zahl gar nicht bekannt ist: Man muß vermuten, daß sie sogar noch höher ist. Die Hinrichtungen

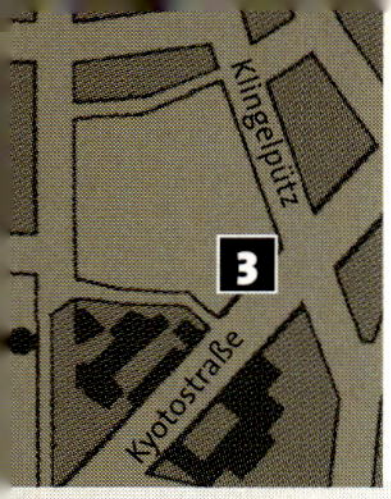

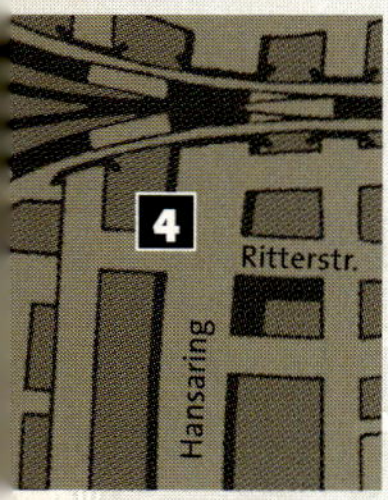

wurden mit einer Guillotine durchgeführt, die seit 1934 fest auf dem Gefängnisgelände installiert war. 1938 wurde zwischen zwei Flügeln der Haftanstalt ein eigenes Gebäude für die Tötungen gebaut, und irgendwann im Jahr 1944 ersetzten Erschießungskommandos, die ihre Opfer irgendwo im Stadtgebiet ermordeten, das Fallbeil.

Zu den ersten Hingerichteten im Klingelpütz gehörten im November 1933 sechs Mitglieder des kommunistischen Rotfrontkämpferbundes. Heinrich Horsch, Bernhard Willms, Otto Waeser, Hermann Hamacher, Josef Engel und Matthias Josef Moritz wurden im Juli 1933 vom Kölner Schwurgericht wegen des Mordes an Spangenberg und Winterberg zum Tode verurteilt und auf ausdrückliche Anweisung Görings mit dem Handbeil hingerichtet.

Der Klingelpütz war im 19. Jahrhundert für etwa 800 Gefangene gebaut worden, war aber schon vor 1933 meist mit etwa 1 000 Häftlingen überbelegt. Unter den Nationalsozialisten waren teilweise mehr als 1 700 Menschen hier zusammengepfercht. Jährlich wurden jetzt zwischen 16 000 und 18 000 Menschen im Klingelpütz gefangengehalten; selbst 1944, nach schweren Bombenschäden, mußten tausende Gefangene hier unter katastrophalen hygienischen Bedingungen ausharren, ohne sich bei den ständigen schweren Luftangriffen auf die Stadt in Sicherheit bringen zu können.

Nachdem die politischen Gegner in der Anfangsphase der Machtübernahme vor allem in ›wilden‹ Lagern von SA und SS gefangengenommen und meist gefoltert wurden, gingen die Machthaber etwa seit März 1933 dazu über, die Verfolgungen strenger zu regeln. Vor allem die Gestapo wies nun politische Gefangene in die regulären Gefängnisse im Klingelpütz, im Polizeipräsidium und im neu eingerichteten Konzentrationslager Brauweiler ein. Vermutlich ab 1942 belegte die Kölner Gestapostelle einen der vier Gefängnisflügel als Gestapogefängnis. Intern wurde er als »Bau des Schweigens« bezeichnet, weil von den Gefangenen dort nicht einmal die Namen bekannt werden durften; im Klingelpütz hießen sie anonym die »NN-Gefangenen«. Obwohl die Gebäude wegen der schweren Kriegsschäden eigentlich nicht mehr genutzt werden durften, blieb der Gestapotrakt als Gefängnis bis zum Kriegsende bestehen. Noch etwa 120

Häftlinge waren hier untergebracht, als die Amerikaner den Klingelpütz besetzten.

In der **3 Volksschule am Klingelpütz 5–7** befand sich zwischen Juni 1941 und Juni 1943 ein Kriegsgefangenenlager, in dem zwei Kompanien eines Kriegsgefangenen-Dachdecker-Bataillons mit ungefähr 400 französischen Gefangenen untergebracht waren. Das Lager wurde nach der Zerstörung der Schule im Juni 1943 verlegt.

Auch heute noch ein markantes Gebäude im Stadtbild

Wenig entfernt vom Hansaplatz in Richtung Ebertplatz steht das **4 Hansahochhaus**. Das etwa 70 Meter hohe Haus, 1924/25 in Rekordzeit fertiggestellt, war das erste Hochhaus Kölns und seinerzeit zugleich das höchste Haus in Europa. Als sensationell galt damals seine ›amerikanische‹ Bauweise: ein Stahlskelett aus vorgefertigten Teilen wurde mit einer Backsteinverkleidung ummantelt, die sich in der Gestaltung stark an die zeitgenössische Kunstrichtung des Expressionismus anlehnte. Das Haus war vor allem ein Bürogebäude, beherbergte aber auch ein Café und ein großes Kino. Heute befindet sich in dem Gebäude außer den Büros einiger Firmen vor allem der bekannte »Saturn«.

In der NS-Zeit war in dem Gebäude ungefähr ab Mai 1944 ein Lager für etwa 900 **Zwangsarbeiter** untergebracht, die für die Reichsbahn arbeiten mußten. Das Haus gehörte damit zu den über 200 bis heute bekannt gewordenen Zwangsarbeiterlagern in Köln, in denen zehntausende Menschen untergebracht waren. Die meisten von ihnen kamen aus Osteuropa, etwa aus Polen, der Ukraine oder aus Rußland; von den hier im Hansahochhaus internierten Menschen kamen etwa 90 % aus diesen Ländern.

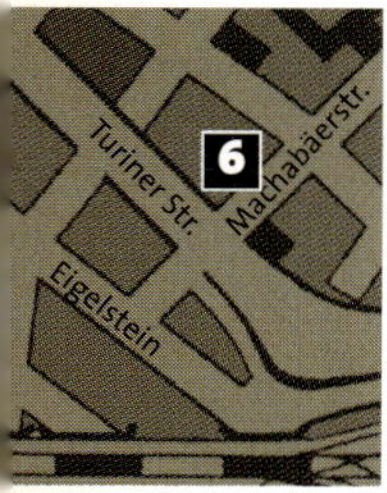

Unter den unwürdigsten Bedingungen und ohne Lohn wurden die Zwangsarbeiter zur Arbeit in vielen Kölner Betrieben gezwungen. Außer der Reichsbahn profitierten während des Krieges auch die Stadt Köln oder die Feuerwehr von der Arbeit der »Fremdarbeiter« – so die beschönigende Bezeichnung der Nationalsozialisten für die modernen Sklaven –, ebenso wie Ford, KHD, die Glanzstoffwerke und viele kleine Firmen und Einrichtungen. Den meisten Zwangsarbeitern war der Zugang zu den Luftschutzeinrichtungen verboten, so daß sie den Luftangriffen schutzlos ausgeliefert waren. Die katastrophale Versorgungslage und 1944 auch Fleckfieberepidemien prägten das Leben der Zwangsarbeiter. Die immer brutalere Verfolgung durch die Gestapo verschlimmerte ihre Lage bis zum Kriegsende aber unermeßlich. Unzählige Menschen wurden von der Gestapo ermordet. [→*Vgl. S. 22–25*]

Im Arbeiterviertel um den Eigelstein prallten Nationalsozialisten und Kommunisten aufeinander

Vom Hansaring aus erreicht man über den Gereonswall und den **5 Stavenhof** den **Eigelstein**. Hier begann der bereits genannte Kampf zwischen Mitgliedern des kommunistischen Rotfrontkämpferbundes und Mitgliedern der SA am 24. Februar 1933. Die Gruppen gerieten – wenige Wochen nach der von der NSDAP gefeierten »Machtergreifung« – vermutlich auch deshalb aneinander, weil ihre Stammkneipen nahe beieinander lagen. Der Rotfrontkämpferbund traf sich am Gereonswall / Höhe Stavenhof bei »Ohm Paul«, während die SA-Leute das »Weinhaus Vogel« am Eigelstein besuchten.

Das ganze Eigelsteinviertel mit dem Stavenhof ist in den letzten Jahren grundlegend saniert worden und hat viel von seinem früheren proletarischen Charakter verloren, der von vielen Bürgern der Stadt als »schmutzig« und »kriminell« empfunden wurde. Dennoch kann man auch heute noch besonders nachts im Stavenhof einen Eindruck von dem früheren Leben in den engen, dunklen Gassen gewinnen. Nicht umsonst ist die Straße ein beliebter Drehort für Kriminalfilme.

Unmittelbar an der Turiner Straße, die das ganze Viertel zerschneidet und damit zerstört, ist in der Machabäerstraße 19 der Sitz der Kölner Geschäftsstelle der **6 Allgemeinen Ortskrankenkasse AOK**. Das Gebäude hat den Krieg über-

Noch bis zum Bau der Turiner Straße um 1970 blieb das AOK-Gebäude unverändert

standen und seine heutige Gestalt wurde erst durch einen Umbau in den siebziger Jahren hergestellt; die AOK hatte aber schon vor 1933 hier ihren Sitz. Bald nach der Machtergreifung der Nationalsozialisten belegte die Gauverwaltung der »Nationalsozialistischen Volkswohlfahrt« NSV Büros in dem Gebäude und sie blieb hier bis zu ihrem Umzug zum Blaubach 1 im Jahr 1935. In der NSV wurden die verschiedenen freien Wohlfahrtsverbände und die staatliche Sozialfürsorge gleichgeschaltet und die Sozialpolitik auf die ideologischen Ziele der NSDAP ausgerichtet. [→*Vgl. zur NSV S. 51–53*]

In der Dagobertstraße 38 befindet sich heute die **7** **Kölner Musikhochschule**. Das Gebäude ist mit seiner verwinkelten Sichtbetonarchitektur ein typisches und preisgekröntes Beispiel der Architektur der siebziger Jahre. Hier, auf dem Gelände der Musikhochschule, befand sich seit November 1926 das **Funkhaus der »Westdeutsche Rundfunk AG«**.

Nach 1945 zog der neue WDR nicht mehr hier ein. Bis zur Errichtung des Neubaus nutzte die Musikhochschule das alte Funkhaus an der Dagobertstraße

Die »Werag« hatte das Gebäude noch vor seiner Fertigstellung von der bankrotten Schlosserinnung in Köln übernommen und sendete von hier am 15. Januar 1927 ihr Eröffnungskonzert.

Nach der Machtergreifung der NSDAP wurden die Rundfunkanstalten in Deutschland schnell gleichgeschaltet. Schon im Frühjahr 1933 war der Rundfunk auf die neuen Verhältnisse umgestellt und wurde dem Propagandaminister Goebbels untergeordnet. Ab April 1934 nannte sich die Rundfunkgesellschaft **»Reichssender Köln«**. Dieser Name deutete schon die spätere Entwicklung an: Vor allem während des Krieges konnte der Kölner Rundfunk kaum noch ein eigenes Programm gestalten, sondern übernahm nahezu vollständig die Sendungen des Reichsrundfunks, der 1937 zentralistisch eingerichtet wurde. Da es den Nationalsozialisten außerdem gelang, den »Volksempfänger« massenhaft zu verbreiten, wurde der Rundfunk schnell zum wichtigsten Propagandamittel des Regimes, mit dem nahezu alle »Volksgenossen« zu Hause in ihrer Privatsphäre erreicht werden konnten.

Heinrich Glasmeier
Unten: Rundfunkpropaganda – mit »Werkpausen« kam das Radio in die Betriebe

Die gründliche Ausrichtung des Kölner Senders auf die Aufgaben der nationalsozialistischen Propaganda wurde ab April 1933 vom neuen Intendanten **Dr. Heinrich Glasmeier** durchgesetzt. Unter der Führung des ehemaligen westfälischen Archivdirektors wurden die meisten leitenden Redakteure und Mitarbeiter entlassen und durch Nationalsozialisten ersetzt. Das Rundfunkprogramm wurde konsequent nach den Vorgaben des Propagandaministeriums gestaltet. Glasmeier erfüllte seine Aufgabe offenbar zur Zufriedenheit des Ministeriums, denn 1937 wurde er zum ersten Reichsintendanten der zentralistisch organisierten Rundfunkanstalten ernannt. Zu seinem Nachfolger beim Kölner Sender wurde am 1. Mai 1937 der Gaupropagandaleiter **Toni Winkelnkemper** bestimmt.

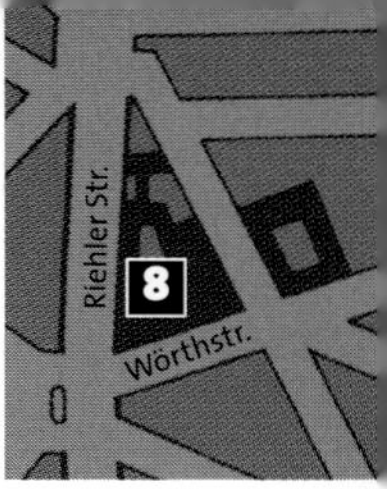

Am Ebertplatz vorbei, der in der NS-Zeit Adolf-Hitler-Platz hieß, und durch die Grünanlage des Theoder-Heuss-Rings, früher Deutscher Ring, erreicht man über die Clever Straße die **8 Oberfinanzdirektion** in der Wörthstrasse / Ecke Riehler Straße. Der herrschaftliche Bau entstand in den Jahren 1908–1911, etwa zeitgleich mit den benachbarten Gebäuden des Oberlandesgerichts und der Oberpostdirektion. Sie waren wie die Boulevards der Ringe, die seit 1886 die geschleifte mittelalterliche Stadtbefestigung ersetzten, Teil der groß angelegten Stadtplanung, mit der die Kölner Neustadt ausgebaut wurde.

Die Oberfinanzdirektion – verstrickt in die NS-Verbrechen

Die Kölner Oberfinanzdirektion war zuständig für die gesamte Rheinprovinz, ausgenommen war nur Düsseldorf mit einer eigenen Finanzverwaltung. Als Finanzbehörde war das Amt in der NS-Zeit eng in das Programm der Judenverfolgung eingebunden. Mit besonderen Abteilungen für die Überprüfung der arischen Abstammung bei Ehestandsdarlehen und vor allem für die Erfassung und Verwertung von Judenvermögen gehörte die Oberfinanzdirektion zu den zentralen Behörden, die die antisemitische Politik der Nationalsozialisten umsetzten.

Schon vor dem Beginn der Deportationen in die osteuropäischen Vernichtungslager im Jahr 1941 wurden die jüdischen Bürger immer stärker finanziell ausgeplündert. Mit Steuern, mit besonderen Abgaben, mit der Verpflichtung, allen Goldbesitz abzugeben usw. wurden sie zunehmend verarmt. Zuständig für die Organisation dieser wirtschaftlichen Ausbeutung waren zuerst die Finanzämter, die jeweils die Abgaben einzutreiben hatten, aber auch die Oberfinanzdirektion als ihre vorgesetzte Behörde. Als die in Deutschland verbliebenen Juden ab 1941 deportiert wurden, mußten sie noch ihre letzte Habe, Möbel, Hausrat und Geld abgeben. Die Betroffenen waren gezwungen, Vermögenserklärungen abzugeben, und Beamte der Finanzdirektion taxierten den

Damit die Erfüllung der nationalsozialistischen Ziele durch die staatliche Behörde in Köln gewährleistet war, wurde im August 1934 **Dr. Heinz Müller** zum Präsidenten der Oberfinanzdirektion ernannt.

Müller war ein typisches Beispiel der nationalsozialistischen Funktionselite. Bereits seit 1921 NSDAP-Mitglied, begann die Karriere des Bayern in der Finanzverwaltung im Jahr 1923 als Assessor in Würzburg. Zwischen 1926 und 1932 leitete er verschiedene Finanzämter in Hessen und wurde 1931 NSDAP-Abgeordneter im hessischen Landtag. 1933 war Müller für kurze Zeit hessischer Innen-, Finanz- und Justizminister, dann wurde er zum Oberbürgermeister in Darmstadt und danach zum Direktor des hessischen Landesfinanzamtes bestimmt. Am 1. August 1934 kam Dr. Heinz Müller nach Köln.

Müller galt unter den Nationalsozialisten als ein Fachmann für »finanzpolitische Bevölkerungspolitik«. Er vertrat schon früh ein rassistisches Programm zur Förderung erbgesunder Familien, mit dem er als Nationalsozialist den Bevölkerungsrückgang in Deutschland aufhalten wollte, über den damals in Fachkreisen heftig diskutiert wurde. Im Jahr 1937 veröffentlichte er ein Buch mit dem Titel »Führerauslese in der Volksgemeinschaft«. Darin kritisierte er einen angeblich stark verbreiteten familienfeindlichen Egoismus, für den er vor allem das ›degenerierte‹ städtische Leben verantwortlich machte. Damit stand er ganz auf der Linie der nationalsozialistischen Propaganda gegen ›die Stadt‹. Um wieder eine Zunahme kinderreicher Familien zu erzielen, sollten sie finanzpolitisch stark entlastet werden.

Diese Entlastung sollte allerdings nur die arisch einwandfreien Familien begünstigen. Das war nicht nur gegen die jüdische Bevölkerung gerichtet, sondern stand auch im Zusammenhang des NS-Programms von »Ausmerze« und »Aufartung«, dem Kranke, sogenannte »Asoziale« und andere zum Opfer fielen. Mit seinen Vorstellungen machte Müller unter den Nationalsozialisten weiter Karriere. Im Juli 1938 wurde er zum Präsidenten des Reichsrechnungshofes und der preußischen Oberrechnungskammer ernannt.

Wenige Tage vor Kriegsende verübte Dr. Heinz Müller in Potsdam Selbstmord und entzog sich auf diese Weise einem Gerichtsverfahren, in dem er sich hätte verantworten müssen.

Wert des Hausrats und der Immobilien. Häufig bestimmten sie einen zu niedrigen Verkaufswert. In den Messehallen wurde das jüdische Eigentum versteigert und gelangte so in den Besitz »ausgebombter« Kölner, die sich hier preiswert bereichern konnten. Der Ertrag des Verkaufs floß in die Staatskasse. In den Akten der Abteilung für die Erfassung von Judenvermögen in der Oberfinanzdirektion erscheint diese »Verwertung« des Eigentums deportierter Juden als »Aktion 3«. Die versteigerten Gegenstände kamen zum Teil auch aus den »besetzten Gebieten«, wo sie erbeutet und dann nach Deutschland transportiert wurden.

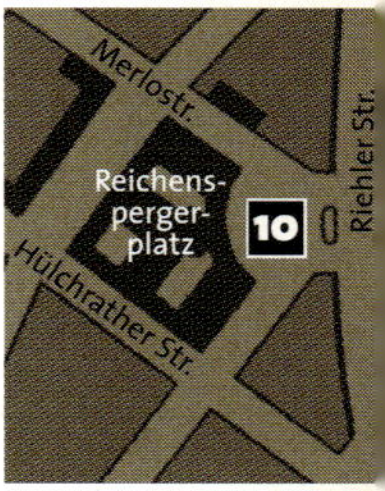

Die Aufklärung über die Beteiligung der Finanzbehörden an der judenfeindlichen Politik der Nationalsozialisten wurde lange erschwert, weil ihre Akten nicht zugänglich waren. Darunter litt nicht nur die historische Erforschung der Judenverfolgung, auch die Wiedergutmachungsverfahren wegen der unrechtmäßigen Enteignungen waren davon betroffen. Erst neuerdings öffnen sich zumindest in Nordrhein-Westfalen die Archive der Ämter und sie offenbaren, wie groß die Zahl der Deutschen ist, die von dem staatlich organisierten Diebstahl jüdischen Eigentums und von der Ermordung der Besitzer profitierten.

Kölner **SA-Trupp** beim Fototermin

Wenig entfernt, in der **9 Worringer Straße**, die wie das ganze Viertel durch schöne, sorgfältig restaurierte Gründerzeithäuser geprägt ist, war im Haus Nr. 24 die SA-Reserve-Standarte R 16 stationiert. [→*Vgl. S. 84/85*]

In dem imposanten **10 Justizgebäude** am nahen **Reichenspergerplatz** ist auch heute noch der Sitz des Oberlandesgerichts Köln. Der neobarocke Monumentalbau ergänzte im Jahr 1911 das erst 1893 errichtete Gebäude am Appellhofplatz, das rasch zu klein geworden war. Wie heute noch war auch in der NS-Zeit eine Reihe von Gerichten neben dem Oberlandesgericht am Reichenspergerplatz tätig: das Landgericht sowie das Amtsgericht Köln – sie tagten beide auch in dem Gerichtsgebäude am Appellhofplatz –, das Arbeitsgericht sowie das Landesarbeitsgericht und schließlich die Staatsanwaltschaft für das Oberlandesgericht. Außerdem tagte hier eines der berüchtigten Sondergerichte, die zur Bekämpfung der politischen Gegner der Nationalsozialisten eingesetzt worden waren. [→*Vgl. zu den Sondergerichten S. 26/27*]

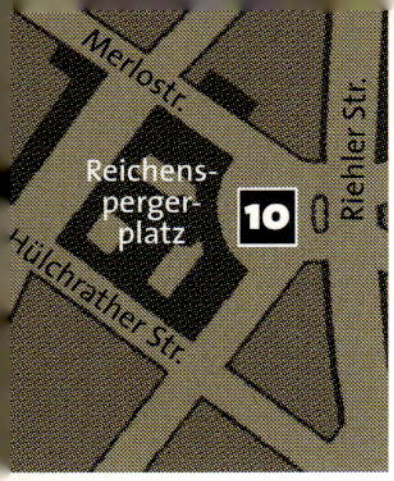

Die Nationalsozialisten hatten am Reichenspergerplatz aber zusätzlich zwei Gerichte angesiedelt, die in einer besonderen Weise den grausamen Zielen der NS-Rassenpolitik dienten: das **Erbgesundheitsgericht** und übergeordnet das **Erbgesundheitsobergericht** als Berufungsinstanz für die Gerichte in Aachen, Bonn, Koblenz, Köln, Saarbrücken und Trier.

Die Erbgesundheitsgerichte waren im Juli 1933 eingerichtet worden, um die Entscheidungen für **Zwangssterilisationen** zu treffen, die nach dem »Gesetz zur Verhütung erbkranken Nachwuchses« vom 14. Juli 1933 die erbbiologische »Aufartung« der deutschen Bevölkerung erreichen sollten. Sterilisation konnte für sogenannte Erbkranke verfügt werden, wenn sie etwa an »angeborenem Schwachsinn«, Schizophrenie, Legasthenie, Blindheit, Taubheit oder an körperlichen Mißbildungen litten. Auch »schwerer Alkoholismus« oder starke Verhaltensauffälligkeiten konnten Zwangssterilisation bedeuten. Ziel dieser menschenfeindlichen

Maßnahmen war die »Ausmerzung« der als Schwächung des »Volkskörpers« angesehenen Krankheiten.

Das Programm der Nationalsozialisten hatte eine »Volksgemeinschaft« des deutschen Volkes zum Ziel, in dem die als krank und minderwertig Bezeichneten »Schädlinge« waren, die nicht das Recht hatten, zum Volk zu gehören. Ihre »Behandlung« und später auch ihre Vernichtung wurde von den Nationalsozialisten betrieben wie Schädlingsbekämpfung, und in ihrer Sprache und Propaganda wurden die Opfer entsprechend entmenschlicht.

Die Kölner Justiz beteiligte sich am mörderischen Rassen-Programm der Nationalsozialisten

Im Erbgesundheitsgericht arbeitete zur Beurteilung der einzelnen Fälle ein Amtsrichter mit einem beamteten Arzt sowie einem weiteren freien Mediziner zusammen. Grundlage der gerichtlichen Beurteilung war vor allem ein vorgefertigter **Fragebogen**, mit dem die Intelligenz der betroffenen Personen getestet werden sollte. Auf diese Weise konnte für die Kranken eine einzige falsche Antwort auf eine vielleicht schwammig formulierte Frage schlimme Folgen haben.

In Köln wurden über 2000 Zwangssterilisationen gerichtlich angeordnet; sie wurden in verschiedenen Krankenhäusern der Stadt, etwa der Universitätsklinik Lindenburg oder im evangelischen Krankenhaus Weyertal ausgeführt. Neben dem Erbgesundheitsgericht und den Krankenhäusern waren an dem bürokratisch organisierten Verfahren der Zwangssterilisationen auch die »Beratungsstelle für Erb- und Rassepflege« im Gesundheitsamt [→*Vgl. S. 55–57*], Schulärzte oder Lehrer beteiligt, die die Erfassung und Meldung der Kranken oder ihrer Familien besorgten und Anträge auf Zwangssterilisation beim Erbgesundheitsgericht einreichten. Eine besondere Rolle spielten auch die Pflegeheime, in denen viele Kranke und Pflegebedürftige untergebracht waren. Eine Entlassung aus ihnen war, wenn überhaupt, nur möglich, wenn sich der »Kranke« vorher sterilisieren ließ.

Mit dem Ausbruch des Krieges verschärfte sich die Situation für die Kranken. Mit der von den Nationalsozialisten beschönigend als Euthanasie, d.h. ›schöner Tod‹, bezeichneten Ermordung begann die Phase der systematischen Vernichtung der als »lebensunwertes Leben« disqualifizierten Kranken.

Otto Müller, Präses der Katholischen Arbeitnehmerbewegung KAB

Vom Oberlandesgericht aus erreicht man über die Weißenburgstraße das **11 Ketteler-Haus**, die Zentrale der Katholischen Arbeitnehmerbewegung KAB, in der Bernhard-Letterhaus-Straße. Außer diesem Straßennamen erinnert auch der nahegelegene Prälat-Otto-Müller-Platz und die Nikolaus-Groß-Straße an den Widerstand der katholischen Arbeiterbewegung, der im Ketteler-Haus organsiert wurde.

Der Priester Otto Müller, geb. 1870 im Bergischen Land, war eine zentrale Figur der katholischen Arbeiterbewegung seit dem Ende des 19. Jahrhunderts. Die Gründung der »Westdeutschen Arbeiterzeitung« im Jahr 1899 als Organ der katholischen Arbeitervereine in Westdeutschland und schließlich die Gründung der Katholischen Arbeitnehmerbewegung KAB im Jahr 1927 geschahen durch seine Initiative. 1929 wurde die Zentrale dieses Verbandes in den Neubau des »Ketteler-Hauses« in Köln verlegt. Müller war als Präses der geistliche Leiter dieses katholischen Verbandes.

ben:
3ernhard
.etterhaus

echts:
\ikolaus Groß

Bernhard Letterhaus, geb. 1894 in Wuppertal, gehörte seit 1920 als Funktionär zur Bewegung der katholischen Arbeitervereine. Seit 1927 war er Verbandssekretär im Westdeutschen Verband Katholischer Arbeitervereine, seit 1928 war er für das Zentrum Mitglied des preußischen Landtags, wo er im März 1933 zu den wenigen Zentrumsabgeordneten gehörte, die dem Ermächtigungsgesetz Hitlers nicht zustimmten.

Nikolaus Groß, geb. 1898 in Hattingen, fand 1919 zur katholischen Arbeiterbewegung. 1926 wurde er von Müller mit der Redaktion der ›Westdeutschen Arbeiterzeitung‹ beauftragt. Nach dem Verbot der WAZ war er Schriftleiter der »Ketteler-Wacht«, die durch die Hinwendung zu religiösen Themen einen Freiraum gegenüber der nationalsozialistischen Propaganda behaupten wollte.

Oppositionellen Charakter hatten schon in den Dreißiger Jahren Treffen von christlichen Gewerkschaftern und Zentrums-Politikern mit Vertretern der KAB im Ketteler-Haus, auf denen die politische Lage diskutiert wurde. Die Funktionärsspitze der KAB trat während des Krieges in Kontakt zu den Widerstandskreisen in Berlin, die schließlich am 20. Juli 1944 den gescheiterten Attentatsversuch gegen Hitler planten. Dieser Kontakt nach Berlin fand vor allem über Jakob Kaiser statt, der vor 1933 der Führer der christlichen Gewerkschaften in Westdeutschland war. Im Ketteler-Haus wurden außerdem schon 1941 geheime Treffen mit Vertretern der Arbeiterbewegung organisiert. Im Herbst 1943 trafen sich hier in Köln Carl Goerdeler und Jakob Kaiser mit den beteiligten Funktionären der KAB zu einer Besprechung, bei der über die politische Führung im Rheinland nach einem erwarteten Zusammenbruch des Hitler-Regimes verhandelt wurde.

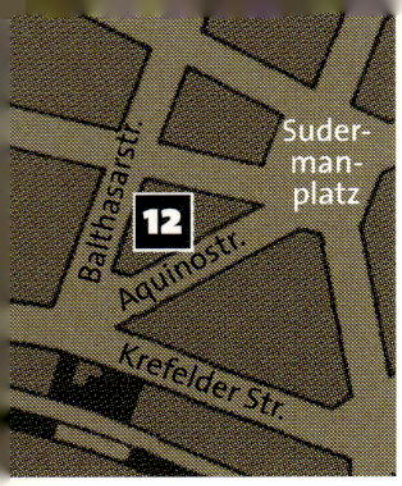

Nach dem gescheiterten Hitlerattentat vom Juli 1944 wurde Bernhard Letterhaus bereits am 25. Juli wegen des Verdachts auf Teilnahme an der Verschwörung verhaftet; nach der Blitzverhandlung vor Freislers Volksgerichtshof am 13. November wurde er am 14. November in Berlin-Plötzenseee hingerichtet. Nikolaus Groß wurde am 12. August 1944 in Köln von der Gestapo verhaftet. Am 15. Januar 1945 wurde er vom Volksgerichtshof zum Tode verurteilt und am 23. Januar hingerichtet. Otto Müller schließlich wurde nach einem Verhör von Groß am 18. September 1944 verhaftet und nach Berlin in das Gefängnis Tegel gebracht. Dort starb der alterskranke Präses der KAB an den Strapazen der Haft.

Vom Ketteler-Haus aus wieder in Richtung Ebertplatz gehend, endet die Stadtwanderung an der **12 Aquinostraße 11**. Dort war bis 1933, inmitten eines kommunistisch geprägten Arbeiterviertels, der Sitz der Kölner KPD; außerdem wurde hier die kommunistische Zeitung »Sozialistische Republik« herausgegeben.

Die Tageszeitung der KPD wurde schon vor dem Reichstagsbrand vom 27. Februar 1933 verboten

Sozialistische Republik

Tageszeitung der Kommunistischen Partei Deutschlands (Sektion der Kommunistischen Internationale)

Nr. 24, 13. Jahrgang — Mittwoch, den 22. Februar 1933

Erneut verboten

bis 28. Februar 1933

Verlag und Redaktion erhielten folgende Verbotsverfügung:

Der Oberpräsident
der Rheinprovinz
D. II. 389

Koblenz, den 20. Februar 1933

Auf Grund des § 9, Absatz 1, Ziffer 5 der Verordnung zum Schutze des deutschen Volkes, vom 4. 2. 1933 (R.-G.-Bl. I. S. 35), verbiete ich die in Köln erscheinende Tageszeitung „Sozialistische Republik" mit sofortiger Wirkung bis zum 28. Februar 1933 einschließlich.

Das Verbot umfaßt auch jede angeblich neue Druckschrift, die sich sachlich als die verbotene darstellt, oder als ihr Ersatz anzusehen ist, sowie alle im gleichen Verlage erscheinenden Kopfblätter der „Sozialistischen Republik."

Ueber das erfolgte Verbot darf die Zeitung lediglich die folgende Mitteilung verbreiten:

„Das Erscheinen der „Sozialistischen Republik" ist mit sofortiger Wirkung bis zum 28. Februar 1933 verboten worden."

Jede weitere Mitteilung darüber hinaus ist untersagt und würde einen Verstoß gegen den § 18 der genannten Verordnung zum Schutze des deutschen Volkes darstellen.

Gegen dieses Verbot ist binnen 2 Wochen, vom Tage der Zustellung ab gerechnet, das Rechtsmittel der Beschwerde zulässig, die bei mir einzureichen ist. Sie hat keine aufschiebende Wirkung.

gez: Flach

1933 wurde die KPD innerhalb weniger Monate zerschlagen. Am 22. Februar erschien die letzte legale Ausgabe der »Sozialistischen Republik« und spätestens nach dem Reichstagsbrand am 27. Februar 1933 begann der Terror gegen die KPD-Mitglieder. Seit dem 22. Februar 1933 waren die SA-Truppen offiziell zu Hilfspolizisten ernannt worden; das KPD-Haus hier in der Aquinostraße nutzten diese »Hilfspolizisten« in den nächsten Wochen wie auch das »Braune Haus« in der Mozartstraße oder das Polizeigefängnis am Bonner Wall, um hier die verhafteten Kommunisten zu **foltern**.

Funktionäre der KPD in Köln: **Nikolaus Frisch** (oben), 1933–35 im KZ Sonneburg; im Herbst 1944 im Messelager verhaftet. **Johann Wecker** (rechts), 1935 im Saargebiet verhaftet. 1939 erneute Haft, jetzt im KZ Sachsenhausen; Ende Mai 1940 entlassen; 1955–1959 Mitglied der SPD.

Nachdem diese **wilden Lager** im April wieder aufgelöst wurden, belegte die NSDAP das Haus, indem sie die Geschäftsstellen einiger Ortsgruppen hier unterbrachte.

1941 gab es in Köln 125 **Ortsgruppen** der Partei; ihre drei Kölner Kreise, Köln-Stadt linksrheinisch-Nord, Köln-Stadt linksrheinisch-Süd und Köln-Stadt rechtsrheinisch, wurden im Frühjahr 1941 zum Kreis »Hansestadt Köln« zusammengefaßt. Da die Bezirksleitungen und auf unterer Ebene die Ortsgruppen in besonderer Wei-

GESCHÄFTSSTELLEN DER NSDAP-ORTSGRUPPEN AUF DEM GEBIET DER TOUR 4:

Aquinostraße 11:
Ortsgruppe Adolf Hitler *(1939)*; Ortsgruppe Gereonswall *(1936–1938)*; Ortsgruppe Eigelstein *(1937/38)*; Ortsgruppe Feuerwache *(1939)*; Ortsgruppe Hansa *(1934–1937)*; Ortsgruppe Sudermanplatz *(1934)*
Blumenstraße 29:
Ortsgruppe Gereon *(bis Juli 1933)*
Dagobertstraße 42:
Ortsgruppe Thürmchenswall *(Juli 1939–1943)*; Ortsgruppe Winterberg *(1945)*
Deutscher Ring (Theodor-Heuss-Ring) 28:
Ortsgruppe Eigelstein *(ab Jan. 1939)*; Ortsgruppe Thürmchenswall *(ab Jan. 1939)*
Domstraße 93:
Ortsgruppe Winterberg *(April 1934–August 1935)*
Hansaring 26:
Ortsgruppe Hansa *(1938–1945)*
Hansaring 53:
Ortsgruppe Gereon *(Juli 1933–1934)*; Ortsgruppe Spangenberg *(1935–Juni 1938)*; Ortsgruppe Ursula *(ab Juli 1933)*
Jakordenstraße 6:
Ortsgruppe Johannisstraße *(1939)*
Lübecker Straße:
Ortsgruppe Adolf Hitler *(1943)*
Neusser Wall (Fort X):
Ortsgruppe Neusser Platz *(1933/34)*
Niederichstraße 9:
Ortsgruppe Winterberg *(1933–April 1934)*; Ortsgruppe Eigelstein *(1933–April 1934)*
Riehler Straße 31:
Ortsgruppe Neusser Platz *(1939–1943)*
Schillingstraße 32:
Ortsgruppe Schillingstraße *(1939–1942)*; Ortsgruppe Weißenburg *(1937)*
Sedanstraße 4:
Ortsgruppe Reichenspergerplatz *(1933)*
Sedanstraße 6:
Ortsgruppe Adolf Hitler *(1945)*; Ortsgruppe Reichenspergerplatz *(16. April 1933–1939)*
Ursulaplatz 29 / Ursulastraße 29:
Ortsgruppe Winterberg *(August 1935 – 1943)*
Victoriastraße 14:
Ortsgruppe Victoriastraße *(1939)*
Winterbergstraße (Eintrachtstraße) 16:
Ortsgruppe Ursula *(1934)*
Winterbergstraße (Eintrachtstraße) 148:
Ortsgruppe Ursula *(1933)*

se in die örtlichen **Luftschutzmaßnahmen** eingebunden waren, stand vermutlich auch diese Umorganisation im Zusammenhang mit dem fortschreitenden Krieg. Nach dem sogenannten 1000-Bomber-Angriff am 31. Mai 1942 wurde ebenfalls noch einmal die Ortsgruppenorganisation verändert, um verheerende Fehler, die beim Luftschutz und bei der Brandbekämpfung vorgekommen waren, zu beseitigen.

Die Ortsgruppen sollten jeweils einen Zuständigkeitsbereich für höchstens 1500 Haushalte haben; ihnen waren sogenannte Zellen für 160 bis 480 Haushalte und die Blocks für 40 bis 60 Haushalte untergeordnet. Die Adressen der Ortsgruppen-Geschäftsstellen wechselten häufig; meist befanden sie sich in angemieteten Häusern oder Wohnungen, gelegentlich waren die Geschäftsstellen aber auch in Gebäuden untergebracht, die früher anderen Parteien oder Organisationen gehört hatten. Das betraf besonders das Haus hier in der Aquinostraße.

Schon auf der Ortsgruppenebene bot die Partei viele Posten und Funktionen, die für die aktiven Parteimitglieder Aufstiegschancen und Einflußmöglichkeiten boten. Für die Propaganda, die Organisation, die Kasse usw. gab es jeweils Leiter und Stellvertreter; außerdem gehörten zur Ortsgruppe auch die Zellen- und Blockleiter sowie ihre Stellvertreter. Häufig waren auch die anderen Gliederungen der Partei wie die Deutsche Arbeitsfront DAF bis hinunter auf die Blockebene organisiert. Für viele hundert Menschen bot die Partei auf diese Weise Karriere- und Teilnahmemöglichkeiten. Die Zahl der beteiligten Personen mußte in einer Großstadt wie Köln entsprechend hoch ausfallen, auch wenn hinterher keiner mehr dabei gewesen sein wollte.

Über die Ortsgruppen und die ihnen untergeordneten Block- und Zellenleiter versuchten die Nationalsozialisten, die Kontrolle über den Alltag und die Lebensweise der Bevölkerung zu erhöhen. Als unterste Parteiebenen dienten sie nicht nur der ideologischen Ausrichtung der Parteimitglieder, sondern sie waren auch Kontroll- und Spitzeleinrichtungen gegenüber den ›Volksgenossen‹ in der Nachbarschaft. Das Netz der Ortsgruppen, das in den verschiedenen Listen des Stadtführers vermutlich unvollständig ist, zeigt deutlich, wie sehr die Partei im Alltagsleben der Menschen gegenwärtig war.

Durch Deutz

Deutz ist unter den Gebieten, durch die die Stadtwanderungen führen, wohl der geschlossenste Stadtteil. Bis 1888 noch eine selbständige Stadt mit einer Geschichte, die bis in die Römerzeit zurückreicht, entwickelte sich Deutz im Schatten des benachbarten Köln auf der anderen Rheinseite. Die Industrialisierung im 19. Jahrhundert und die Eingemeindung nach Köln im Jahr 1888 haben zwar die Gegensätze zwischen der »Schäl Sick« und der eigentlichen Stadt verringert, aber trotz der Brücken, die dem Fluß seinen trennenden Charakter genommen haben, hat sich doch ein gewisses rechtsrheinisches Selbstbewußtsein erhalten. Der Deutzer fährt eben heute noch »nach Köln« oder »in die Stadt«, wenn er den Rhein überquert. Daran hat sich auch nichts geändert, seit im Jahr 1975 der Stadtteil Deutz dem Stadtbezirk Innenstadt zugeordnet wurde.

Von Deutz aus in die Vernichtungslager: Roma und Sinti im Mai 1940

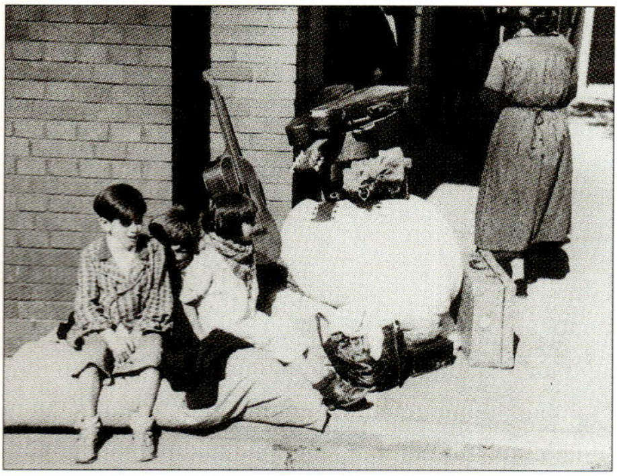

In der NS-Zeit spielte Deutz in mehrfacher Hinsicht eine traurige Rolle in der Macht- und Unterdrückungspolitik der Nationalsozialisten. Vor allem der Bahnhof Deutz-Tief und das Messegelände sind hier zu nennen und hier beginnt auch der Weg durch das »braune Deutz«.

Vom **1** **Bahnhof Deutz-Tief**, am Auenweg an der Rückseite des eigentlichen Bahnhofs gelegen, fahren heute vor allem Sonderzüge und Autoreisezüge ab; in naher Zukunft soll hier der neue ICE-Bahnhof für Köln entstehen. Ab 1940 starteten hier auch die **Transportzüge in die KZ** und Vernichtungslager in Polen und Rußland. In den Jahren 1940/41 wurden von hier aus mehr als 1 500 **Sinti und Roma** in die Lager abtransportiert. Die »Schriftspur« vor dem Eingang

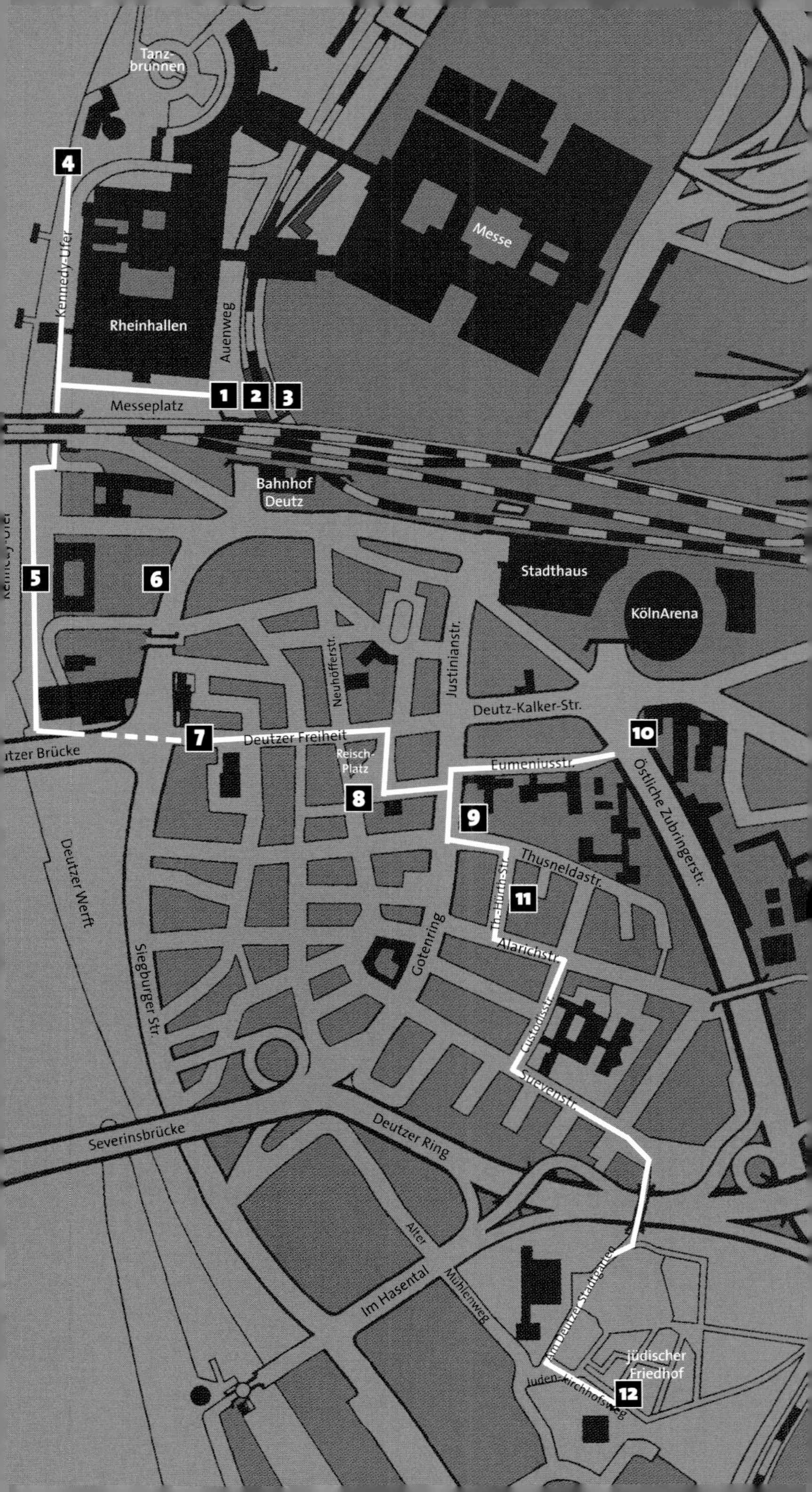

Tanz-
brunnen
4
Kennedy-Ufer
Rheinhallen
Auenweg
Messe
1
2
3
Messeplatz
Bahnhof
Deutz
Stadthaus
KölnArena
5
6
Neuhöfferstr.
Justinianstr.
Deutz-Kalker-Str.
7
Deutzer Freiheit
Reisch-
Platz
8
10
Eumeniusstr.
Östliche Zubringerstr.
9
Thusneldastr.
11
Deutzer Werft
Gotenring
Alarichstr.
Siegburger Str.
Custodisstr.
Suevenstr.
Severinsbrücke
Deutzer Ring
Alter
Mühlenweg
Im Hasental
Am Deutzer Stadtgarten
jüdischer
Friedhof
Judenkirchhofsweg
12

Wie hier die Roma und Sinti mußten sich später auch die Kölner Juden am Bahnhof Deutz-Tief sammeln

zum Bahnhof Deutz-Tief erinnert an die Ermordung der Roma und Sinti aus Köln. [→*Vgl. S. 122–124*]

Ab 1941 wurde auch eine große Zahl **jüdischer Menschen** aus Köln und Umgebung von Deutz aus deportiert. Zwischen 1941 und 1943 fuhren mindestens fünfzehn solcher Transporte mit Juden von Deutz ab, der erste Deportationszug ging am 22. Oktober 1941 mit etwa 1 000 Menschen in das Ghetto Lodz.

Eine Liste von Namen, die das NS-Dokumentationszentrum in einem Gedenkbuch für die ermordeten Juden Kölns erstellt hat, zählt über 7 000 jüdische Kölner, die von Deutz aus in die KZs transportiert wurden – eine Zahl, die mit Sicherheit zu klein ist, weil viele Quellen verloren sind, die nähere Auskunft über die Deportierten geben könnten. Außerdem wurden vom Bahnhof Deutz-Tief aus auch einige tausend Juden aus dem Umland Kölns bis hin nach Koblenz deportiert; insgesamt wurden etwa 11 000 Menschen in den Tod geschickt.

Die Transporte wurden von der Kölner Stelle der »Reichsvereinigung der Juden in Deutschland« organisiert. Diese von den Nationalsozialisten geschaffene Institution vereinigte seit Juli 1939 zwangsweise alle Juden in Deutschland und hatte den Zweck, die sozialen und gesellschaftlichen

Aufgaben des jüdischen Gemeinde- und Vereinslebens zu zentralisieren. Ende 1942 wurden auch die Synagogengemeinden durch Anordnung Adolf Eichmanns in die Reichsvereinigung integriert und damit aufgelöst. Zugleich waren die Gemeinden im Rahmen der Reichsvereinigung gezwungen, die Transporte in die Vernichtungslager selbst zusammenzustellen, ihre Mitglieder zu diesem Zweck zu benachrichtigen und in den Messehallen zu sammeln.

Die zur Deportation bestimmten Juden wurden in den Benachrichtigungsschreiben der »Reichsvereinigung« auch aufgefordert, ihren Hausrat und Besitz zum Abtransport fertig zu machen. Er wurde jedoch dann nicht mit in die Lager verschickt, sondern vielmehr in den Messehallen gesammelt und aufbewahrt. Auf Versteigerungen konnten dort »arische« Kölner, die vielleicht durch Bombenangriffe Eigentum verloren hatten, ihren Hausrat mit dem geraubten jüdischen Besitz ersetzen. Wie viele Kölner auf diese Weise von den Deportationen ihrer jüdischen Mitbürger profitierten, ist nicht bekannt. [→*Vgl. auch die Oberfinanzdirektion S. 107–109*]

Die Gedenktafel an der Rückseite des Deutzer Bahnhofs

Am Deutzer Bahnhof trafen schließlich auch die Häftlinge des KZ Buchenwald ein, die im **KZ-Außenlager Messe** interniert werden sollten, und in die andere Richtung starteten von hier aus die Transporte in das thüringische Konzentrationslager, welches das ›zuständige‹ Lager für die westdeutschen politischen Häftlinge und später auch für Zwangsarbeiter war.

Am Auenweg, an der Rückseite des Bahnhofs, wurde am 9. März 1990 eine Gedenktafel aus rotem Sandstein enthüllt. Ihr Text lautet:

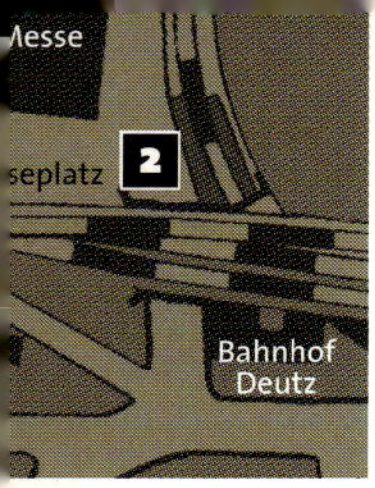

An / dieser Stelle / war der Aufgang zum / Bahnhof Deutz-Tief. Von hier aus / wurden 1940/41 mehr als 1500 Sinti / und Roma und seit 1941 über 11 000 Juden / in Konzentrationslager deportiert. / Zudem wurden die Häftlinge des Messelagers / Deutz hier an- und abtransportiert. / Über diese Treppe gingen viele Menschen / in den Tod.

Vor der Wandtafel befindet sich überdies eine **2 Bodenplatte**, die an das Schicksal der deportierten Roma und Sinti aus Köln erinnert. Im Mai 1990 hatte der Kölner Künstler **Gunher Demnig** mit einer viel beachteten Aktion an diese Deportationen erinnert. Er zog mit einem Laufrad quer durch Köln eine weiße Schriftspur, die in Bickendorf begann, wo die Roma und Sinti am sogenannten Schwarz-Weiß-Platz in einem »Zigeunerlager« interniert waren, und die am Deutzer Bahnhof endete, weil von hier aus die Roma und Sinti deportiert wurden. Die Schriftspur wiederholte viele tausend Mal den Text:

HIER WURDEN DIE BODENPLATTEN ZUR ERINNERUNG AN DIE DEPORTATION DER KÖLNER ROMA UND SINTI EINGESETZT:

Venloer Straße
– Höhe Matthias-Brüggen-Straße
Venloer Straße
– vor dem Bezirksrathaus
Venloer Straße
– vor St. Joseph
Venloer Straße
– Höhe Piusstraße
Venloer Straße
– Höhe Hans-Böckler-Platz
Friesenplatz
– Westseite
Friesenplatz
– Ostseite
Zeughausstraße
– vor dem Regierungspräsidium
Zeughausstraße
– am Stadtmuseum

Appellhofplatz
– vor dem EL-DE-Haus
Dom-Westseite
– vor den Stufen zur Domplatte
Vor dem Beginn der Hohenzollernbrücke
Rathausplatz
– vor dem Eingang zum historischen Rathaus
Heumarkt
– im Aufgang zur Deutzer Brücke *(diese Platte ist seit Straßenbaumaßnahmen verschwunden!)*
Bobstraße
– vor dem Haus 6–8 *(hier wohnten Sinti; vier Stolpersteine erinnern an die Deportierten.)*

Agrippastraße
– Ecke kleiner Griechenmarkt *(früher Romahäuser)*
Agrippastraße
– Ecke Kämmergasse
Waidmarkt
– vor dem Polizeipräsidium
Deutz
– Rampe Deutzer Brücke
Deutz
– Rampe Hohenzollernbrücke
Deutz
– Auenweg, vor dem Bahnhof Deutz-Tief
Bahnhof Deutz-Tief
– ehemalige Verladerampe
Auenplatz
– vor dem Messegelände

In Bronze in den Boden eingelassen

Mai 1940 – 1000 Roma und Sinti

Ihr Weg entsprach dabei ungefähr dem Weg, auf dem die Roma und Sinti im Mai 1940 zum Deutzer Messegelände getrieben wurden.

Da die Schrift allerdings im Lauf der Zeit verblaßte, beschloß der Rat der Stadt Köln im März 1993, an insgesamt 23 Stellen in der Stadt an diesen Weg der Roma und Sinti und ihr Schicksal in den Vernichtungslagern zu erinnern. Dazu wurden Steinplatten mit dem Text der Schriftspur in Bronze in den Boden eingelassen, von denen die ersten hier vor dem Rathaus, vor dem EL-DE-Haus und vor dem Stadtmuseum angebracht wurden. Mittlerweile sind auch an anderen Orten in der Stadt Schriftplatten eingesetzt worden;

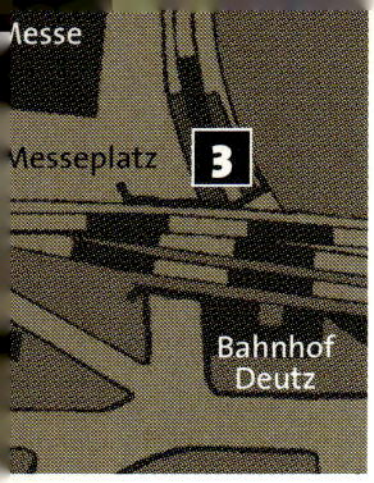

nicht allein der Weg der Roma und Sinti von Bickendorf nach Deutz wird damit dokumentiert, sondern es wird auch an andere Plätze erinnert, die für die Geschichte der Verfolgungen wichtig sind. So befindet sich zum Beispiel vor dem Polizeipräsidium am Waidmarkt ein Platte, um damit an die Beteiligung der Polizei an der Vernichtungspolitik gegenüber den »Zigeunern« zu erinnern.

In die Erde versenkt: Die Skulptur »Nie wieder«

Eine besondere Form des Gedenkens ergänzt seit Oktober 1993 dieses Mahnmal. Die Erftstädter Künstlerin **Helga Eitz** versenkte in einer **3 Kunstaktion** mit dem Titel **»Nie wieder«** ein Skulptur aus Eisen und Ton in der Erde – einen Kopf, in dem oben ein Hakenkreuz steckt. Diese Plastik war bereits 1992 als eine künstlerische Form des Protestes gegen Rassismus und Gewalt entstanden. Die Künstlerin reagierte damit auf die vielen neonazistischen Angriffe auf Asylbewerberunterkünfte oder auf einzelne Menschen aus verschiedenen Ländern, die nach der Vereinigung der beiden deutschen Staaten stattfanden. Parallel zur Gestaltung dieser Skulptur sammelte Helga Eitz auch Unterschriften von Künstlern im Köln-Bonner Raum, um gegen die neonazistischen Gewalttaten zu protestieren; die Liste wurde gemeinsam mit der Skulptur im Boden am Bahnhof Deutz-Tief versenkt. Die ganze Aktion sollte symbolisch den Rassismus und die Gewalt in unseren Köpfen in der Versenkung verschwinden lassen. Zugleich stellt sie ein Aufruf an jeden einzelnen dar, alles zu tun, um eine Wiederholung der unvorstellbaren NS-Verbrechen schon im Keim zu verhindern.

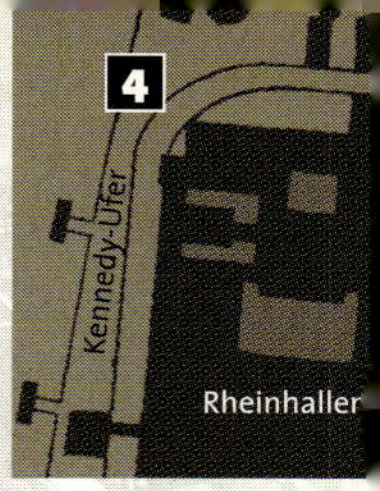

Der Weg führt zum Rhein herunter und an den **4 Messehallen** vorbei bis zum **Messeturm**. Die ersten Kölner Messebauten, heute als Rheinhallen bezeichnet, waren 1924 eingeweiht worden. Wie der Grüngürtel, der nach der Schleifung der alten preußischen Befestigungsanlagen entstand, war der Bau der Kölner Messe vor allem der Initiative des Oberbürgermeisters Konrad Adenauer zu verdanken – zwanzig Jahre später war Adenauer dann selbst als Gefangener der Gestapo auf dem Messegelände interniert. 1928 wurde aus Anlaß der großen internationalen Presseausstellung »Pressa« der Messeturm an der Nordwestecke des Geländes errichtet; zugleich wurden einige provisorische Barackenbauten durch das sogenannte »Staatenhaus« ersetzt und sämtliche Hallen mit den rot-braunen Backsteinen verklinkert, die noch heute die Gestalt der alten Messehallen bestimmen. Eine Restaurant-Terrasse am Rhein wertete die Deutzer Messe auch als Erholungsgebiet auf. Diese Maßnahmen lockerten insgesamt den eher tristen Fabrik-Charakter der langgezogenen Flachbauten auf, die im Volksmund respektlos als »Adenauers Pferdeställe« bezeichnet wurden.

Messe und Deutzer Bahnhof in den Dreißiger Jahren

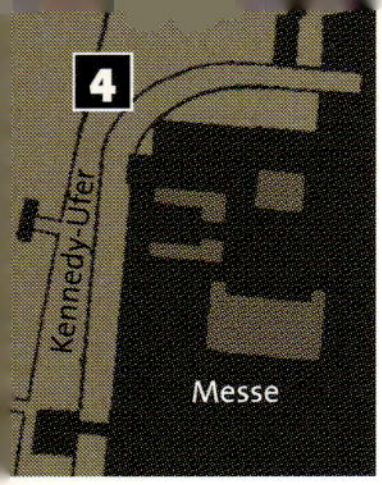

Die Messe war und ist ein Veranstaltungsort, und ihre Hallen dienen nicht allein den Wirtschaftsmessen. Die Möglichkeit, sich hier in großem Rahmen zu präsentieren, nutzten auch die Nationalsozialisten – und zwar schon vor 1933. Nach seinem ersten Auftritt in Köln am 18. August 1930 in der

19. März 1933: Hitler-Kundgebung in den Messehallen

Ehrenfelder Rheinlandhalle trat Hitler allein 1932 dreimal in Köln auf, immer in den Messehallen. Unter neuen Bedingungen fand schließlich der Wahlkampfauftritt Hitlers am 19. Februar 1933 statt: Am 30. Januar 1933 war er zum Reichskanzler ernannt worden, am 5. März 1933 wurde er durch die Reichstagswahlen bestätigt. Sein Einzug in die Messehalle als neuer Reichskanzler vor der entscheidenden Reichstagswahl offenbarte den ganzen militaristischen Pomp der NS-Bewegung.

Nicht alleine die Propaganda-Inszenierungen der NSDAP bestimmten das Bild der Messe in den Jahren nach 1933, auch der normale Messebetrieb stellte sich schnell auf die neuen Verhältnisse um. Schon im April 1933 stand die Wirtschaftsausstellung »Deutsche Woche« unter dem antisemitischen Motto »Denk deutsch – kauf deutsch«. Im September/Oktober 1933 präsentierte die Ausstellung »Gesunde Frau – gesundes Volk« das neue Bild der Frau und ihrer gesellschaftlichen Rolle, das die Nationalsozialisten propagierten.

Die reibungslose Anpassung des Messebetriebs an die Anforderungen der neuen Machthaber wurde dadurch erleichtert, daß Mitarbeiter und Führungskräfte, die nicht regimetreu waren, entlassen wurden; die übrigen waren entweder anpassungsfähig genug oder sie waren ohnehin Anhänger Hitlers. Die »Machtergreifung« funktionierte hier also genauso wie in anderen Bereichen der Wirtschaft und Verwaltung.

Mit Kriegsbeginn wurde der Ausstellungsbetrieb in der Messe mehr oder weniger eingestellt, weil die Wehrmacht die Hallen beschlagnahmte. Schon wenige Tage nach dem Überfall auf Polen wurde hier ein **Kriegsgefangenenlager** eingerichtet, in dem etwa 1 000 Polen und ab 1940 auch Franzosen interniert waren. Die Kriegsgefangenen wurden ebenso wie die im Verlauf des Krieges stark ansteigende Zahl von Zwangsarbeitern zur Arbeit in der Landwirtschaft und in zahlreichen Betrieben der Stadt gezwungen.

In Deutz waren vor allem wegen der großen Industriebetriebe in Richtung Mülheim sehr viele **Zwangsarbeiter** in Lagern interniert; im übrigen Bereich des heutigen Stadtbezirks Innenstadt gibt es keine vergleichbare Konzentration von Zwangsarbeiterlagern. Vor allem an der Deutz-Mülheimer Straße gab es Lager bei den Vereinigten Westdeutschen Waggonfabriken, bei Klöckner-Humboldt-Deutz, bei der Vereinigte Stahlwerke AG, in der Kölnischen Gummifädenfabrik, am Deutzer Paketpostamt und am Reichsbahn-Betriebswagenwerk Deutzerfeld. Auch bei der Alfred Schütte AG, in Richtung Poll am Rhein gelegen, war ein Zwangsarbeiterlager eingerichtet, ebenso bei den Auermühlen an der Siegburger Straße. Insgesamt dürften in diesen Lagern gleichzeitig weit über 3.000 Menschen interniert und zur Arbeit gezwungen gewesen sein, und man kann nur spekulieren, wieviele Menschen insgesamt während des Krieges in Deutz in den Zwangsarbeiterlagern leben mußten.

Wegen der Nähe zum Bahnhof Deutz-Tief wurde das Messegelände zum **Sammellager** für die von Köln ausgehenden Deportationszüge. Ab Frühjahr 1940 mußten hier mehr als 1 500 Sinti und Roma ihren Transport in die osteuropäischen Vernichtungslager erwarten. Auch die mehr als 11 000 Juden, die ab Herbst 1941 von Köln aus deportiert wurden, wurden hier in den Messehallen zusammengetrieben.

Erst seit wenigen Jahren weiß man Genaueres über ein weiteres Lager, das auf dem Gelände der Deutzer Messe eingerichtet worden war. Als Reaktion auf die schweren Bombenangriffe der Alliierten im Mai 1942, deren schrecklicher Höhepunkt der »1000-Bomber-Angriff« vom 31. Mai war, wurden ab September 1942 insgesamt etwa 6 000 Häftlinge des **Konzentrationslagers Buchenwald** nach Deutz

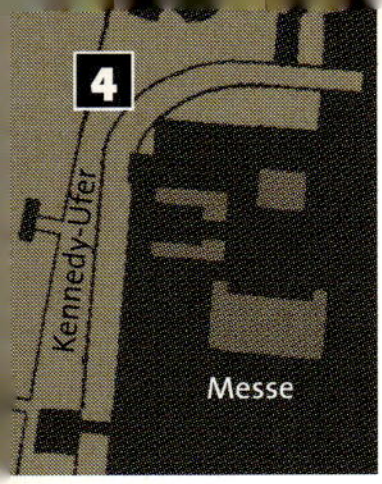

verlegt; im »Kongreßsaal« der Messe war ihr Lager eingerichtet. Ihre Aufgabe als sogenannte **»SS-Baubrigade III«** bestand darin, in der Stadt Trümmer zu beseitigen, Leichen zu bergen und Blindgänger zu entschärfen. Während die Arbeit in den Aufräumkommandos trotz der schlechten Ernährung und der brutalen Behandlung

einigermaßen erträglich erscheinen konnte – leicht und ungefährlich war sie wahrlich nicht –, belastete die Abkommandierung zu den Leichenkommandos oder zu den gefährlichen Sprengkommandos die Gefangenen sehr. Einen Eindruck von den Bedingungen im Lager und bei der Arbeit vermitteln die zahlreichen Schilderungen von früheren Häftlingen, die die »Projektgruppe Messelager« und das NS-Dokumentationszentrum gesammelt haben.

Aufräumarbeiten. Die KZ-Häftlinge waren wegen ihrer Kleidung für jedermann erkennbar

Das Lager der Baubrigade stand als KZ-Außenlager unter der Bewachung der SS, die aber von normalen Polizeireservisten und teilweise von Wehrmachtsangehörigen unterstützt wurde. Auftraggeber für die Baubrigade war die

Stadt Köln; die Koordination der Aufräum- und Aufbauarbeiten lag beim Bürgermeister und »Leiter für Sofortmaßnahmen« Robert Brandes, einer der zentralen Figuren unter den Kölner Nationalsozialisten. Unter seiner Verantwortung wurde der Einsatz der KZ-Häftlinge geplant und durchgeführt; zahlreiche leitende städtische Beamte standen ihm dabei hilfreich zur Seite.

In Deutz waren noch weitere Lager eingerichtet worden. Seit 1942/43 existierte auf dem Gelände des Staatenhauses ein sogenanntes **Polizeihilfsgefängnis**, in das die Polizei und die Gestapo eine ständig wachsende Anzahl von Häftlingen einwies. Seit April 1943 wurden männliche Gestapogefangene auch in die SS-Baubrigade III überstellt, um bei deren Aufräumarbeiten mitzuhelfen. In den immer chaotischeren Verhältnissen der Jahre 1943 bis 1945 sind die verschiedenen Lager nicht mehr genau zu unterscheiden. In der Messe waren KZ-Häftlinge interniert und osteuropäische Zwangsarbeiter, die oft wegen geringster Vergehen von der Gestapo verhaftet worden waren. Es gab politische Häftlinge, die von der Gestapo in ein sogenanntes **»Arbeitserziehungslager«** gesteckt wurden, und es gab Menschen, die bei »Sonderaktionen« der Gestapo verhaftet wurden und im Gestapogefängnis auf dem Messegelände eingesperrt waren. Zu ihnen gehörten auch Konrad Adenauer oder Otto Gerig, die in der sogenannten »Gewitteraktion« der Gestapo ab August 1944 verhaftet wurden.

Otto Gerig wurde, wie Konrad Adenauer, von der Gestapo verhaftet

Otto Gerig, geb. 1885, war seit 1921 im Vorstand des Deutschen Handlungsgehilfenverbandes. Von 1923 bis 1933 war er als Abgeordneter der Zentrumspartei im Reichstag. Nach der Gleichschaltung des Verbandes 1933 wurde Gerig arbeitslos. Eine Anstellung bei Ford sicherte kaum seine Existenz. Für die Nationalsozialisten war Gerig ein bürgerlicher Repräsentant des Weimarer Systems, der sich durch seine beharrliche Weigerung, sich den neuen Verhältnissen anzupassen, verdächtig machte. Er stand also mit vielen anderen auf der Liste derjenigen,

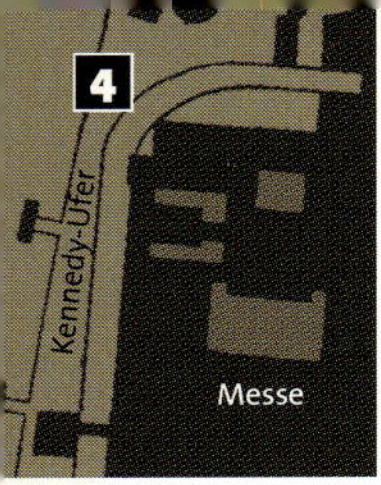

die im Zuge der »Gewitteraktion« verhaftet wurden. Gerig kam direkt nach seiner Verhaftung am 23. August 1944 in das Messelager. Am 16. September wurde er in das Konzentrationslager Buchenwald überstellt, wo er krank und entkräftet am 3. Oktober starb. Nach ihm ist in Deutz eine Straße südlich der Rampe zur Severinsbrücke benannt.

An die verschiedenen Lager, an die Häftlinge und an die Ermordeten der Deutzer Messe erinnert ein Mahnmal mit einer Gedenkplatte, das am 26. Januar 1993 enthüllt wurde. Es steht auf der Höhe des Messeturms an der Rheinuferpromenade. Der für eine Gedenktafel überraschend lange Text spiegelt ausführlich die besondere Bedeutung, die dieser Ort in der NS-Zeit in Köln gespielt hat.

Das Mahnmal an der Deutzer Messe – gestaltet als Modell der Rheinhallen

»Messegebäude, / Messegelände und der anschließende Bereich / bis hin / zum Tanzbrunnen waren / während des Zweiten Welt- / krieges ein zentraler Ort / der nationalsozialistischen Gewaltherrschaft in Köln. / Hier befand sich eine Reihe von / Lagern: Ein Außenlager des / KZ-Buchenwald, Lager für / Kriegsgefangene sowie Zwangs- / arbeiterinnen und Zwangarbeiter, / ein Sonderlager der Gestapo für deutsche und ausländische / Häftlinge. Von hier aus gingen / die Transporte in die Konzen- / trationslager ab, und 1940 wurden Sinti und Roma sowie zwischen / 1941 und 1944 Juden deportiert. / Hunderte kamen in den Lagern und / bei Arbeitseinsätzen ums Leben. Tausende – / Männer, Frauen und / Kinder – wurden von hier / aus in den Tod geschickt.«

Das öffentliche Erinnern und Gedenken an die Ereignisse an diesem Ort setzte erst spät ein, obwohl z. B. Adenauer oder Leo Schwering ihre Haftzeit auf dem Messegelände nach dem Krieg geschildert hatten. Zwar wurde 1981 eine Gedenktafel an der Rückseite des Messeturms angebracht –

aufgrund einer Initiative von **Sammy Maedge**, der auch zuerst auf die Bedeutung des EL-DE-Hauses aufmerksam gemacht hat. Vor allem ein Symposion mit früheren Häftlingen im Jahr 1989 hat dann aber diesen Teil der Geschichte der Kölner Messe öffentlich bekannt gemacht. Dieses Symposion wurde von der **»Projektgruppe Messelager«** veranstaltet, die die Geschichte der Zwangsarbeiter in Köln erforscht und die zusammen mit dem NS-Dokumentationszentrum der Stadt Köln ein Einladungsprogramm für ehemalige Zwangsarbeiter organisiert.

Konrad Adenauer (links) besichtigt den Ort, an dem er mit vielen anderen Opfern der »Gewitteraktion« verhaftet war

Am Messeturm befindet sich eine weitere Tafel, die von den »Internationalen Ärzten gegen den Atomtod« nach einem Kongreß im Jahr 1986 angebracht wurde. Anders als die frühere Gedenktafel von Sammy Maedge wurde diese Plakette der prominenten politischen Ärztevereinigung von der Messeleitung geduldet.

1944/45 war / dieses Gebäude Aussen / stelle des Konzentrations / lagers Buchenwald. / Seine Insassen schworen / nach ihrer Befreiung / »Der Aufbau einer neuen / Welt des Friedens und der / Freiheit ist unser Ziel.«
1986 fand hier / der 6. Weltkongress der / Vereinigung »Internationale / Ärzte für die Verhütung / des Atomkriegs« / (IPPNW) statt.

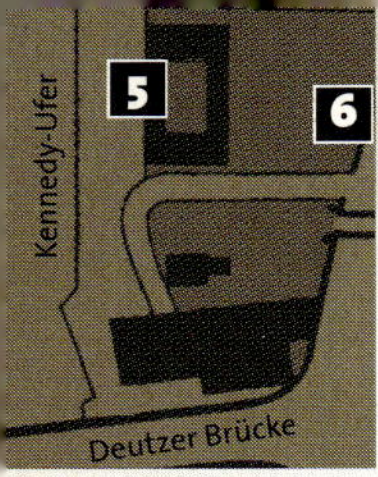

Von der Kölner Altstadt aus gesehen: Das »Haus der Rheinischen Heimat«

Am Rhein entlang in Richtung Deutzer Brücke gelangt man hinter der Hohenzollernbrücke zum **»Landeshaus«**, dem Sitz des Landschaftsverbandes Rheinland. An seiner Stelle stand bis zum Krieg das **5** **»Haus der Rheinischen Heimat«**, ein großes Museum, das die Geschichte und Kultur des Rheinlandes dokumentierte.

Das Museum war 1927 in der ehemaligen preußischen Kürassierkaserne eingerichtet worden und hieß damals noch, weniger ideologisch gefärbt, »Rheinisches Museum«. Erst in der Zeit des Nationalsozialismus wurde das Museum umbenannt, zugleich wurde auch die Ausstellung verändert. Der Schwerpunkt wurde von dem ursprünglich lokalen und regionalen Blick zu einer nationalen und nationalsozialistischen Perspektive verschoben.

Während des Krieges wurde das Haus zum Teil als Ersatz für die beschlagnahmten Messehallen benutzt. 1940 fanden die Frühjahrs- und die Herbstmesse im »Haus der Rheinischen Heimat« statt. Schließlich zerstörten die Fliegerangriffe während des Weltkriegs das ehemalige Kasernengebäude.

In der **Stadtplanung der Nationalsozialisten** war das »Haus der Rheinischen Heimat« allerdings ohnehin zum Abriß bestimmt, denn auf dem Gelände zwischen der Deutzer Brücke und der Eisenbahnbrücke sollte ein gewaltiges **6** **Gauforum** entstehen. Für dieses Aufmarschfeld,

Nicht nur für Deutz waren die Planungen der Nationalsozialisten radikal

das sich mit den dazugehörigen monumentalen Partei- und Verwaltungsgebäuden weit nach Osten, etwa bis zur Bahntrasse in Kalk, hätte erstrecken sollen, wäre ein großer Teil von Deutz abgerissen worden.

In der Mitte des Geländes sollte ein Großbau die Reichszentrale der »Deutschen Arbeitsfront« aufnehmen und architektonisch ein nationalsozialistisches Gegenstück zum Dom auf der anderen Rheinseite bilden. Als Teil einer Ost-Westachse sollte das Gauforum linksrheinisch bis zum Aachener Weiher und damit zum neuen Aufmarschgelände des Maifelds verlängert werden. [→*Vgl. S. 70/71*] Um die Achse als Aufmarschstraße aufzuwerten, sollten überdies der Hauptbahnhof und der Deutzer Bahnhof, die im Zentrum des neuen nationalsozialistischen Köln gelegen hätten, an die beiden Enden der Achse verlagert werden. Damit war auch die unmittelbare Umgebung des Domes in die Planung des Gauforums einbezogen.

Verantwortlich für diese NS-Stadtplanung war der Kölner Architekt Clemens Klotz; sein Konzept für das neue Köln brachte ihm zwar die Gunst der Nationalsozialisten und eine Professur ein, verwirklicht wurde es glücklicherweise nicht. Es fiel aber auch nicht alles völlig unter den Tisch: die geplante Ost-West-Achse zwischen Heumarkt und Rudolfplatz wurde begonnen und nach 1945 in der Hahnenstraße von Wilhelm Riphahn in einer gemäßigten Form vollendet. Die Nord-Süd-Fahrt, die zweite große Stadtdurchschneidung, die in der NS-Zeit geplant wurde, wurde ebenfalls nach dem Krieg in einer eingeschränkten Form umgesetzt.

Auf der Deutzer Freiheit:
Stützpunkt der Nationalsozialisten

In der nahen Deutzer Freiheit, die wegen der Auffahrt der Deutzer Brücke vom Rhein aus nur durch eine Fußgängerunterführung zu erreichen ist, lag gegenüber der Kirche St. Heribert schon in den Zwanziger Jahren die **7 »Restauration Deutsches Haus«**. Auf einer Postkarte von 1932 sieht man daneben auch eine »Deutsche Buchhandlung« und über dem gemeinsamen Eingang weht die Hakenkreuzfahne der

Nationalsozialisten. Die Menschen, die von Köln aus Deutz besuchen wollten, wurden auf diese Weise auf der einen Seite der Deutzer Freiheit von den mächtigen Türmen der Heribertskirche und auf der anderen Seite von den provokativen NS-Symbolen empfangen.

Daß die Buchhandlung ein wichtiger Stützpunkt der NSDAP in Deutz war, belegt auch eine Ankündigung des »Westdeutschen Beobachters« zur großen Hitlerkundgebung vom 19. März 1933 in den Messehallen: Dort wird die Buchhandlung als einzige Deutzer Adresse für den Vorverkauf genannt.

Nur wenige Minuten entfernt von dieser frühen NS-Adresse befand sich am Reischplatz 6 die **8** **Synagoge der jüdischen Gemeinde in Deutz**. Die jüdische Gemeinde in Deutz hatte eine alte Tradition seit dem 14. Jahrhundert und als im 15. Jahrhundert die Juden aus Köln vertrieben wurden, siedelten sie sich ebenfalls in Deutz an. Die alte Synagoge am Rhein, die 1784 von einem verheerenden Eisgang

Gebetssaal der Deutzer Synagoge

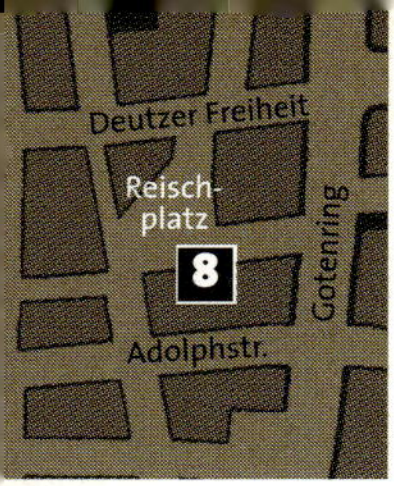

zerstört worden war, wurde zwar an gleicher Stelle wieder errichtet, mußte aber 1914 dem Bau der Deutz-Kölner Brücke weichen. Am Reischplatz entstand schließlich 1915 das neue Gebäude für die Synagoge, in dem auch die jüdische Religionsschule der Deutzer Gemeinde untergebracht wurde.

Julius Simons mit seiner Familie

Dr. Julius Simons, geb. 1887, war seit 1908 Lehrer an der Religionsschule der Deutzer Gemeinde, später auch Prediger und Seelsorger. Er wurde noch im November 1938 verhaftet und in das KZ Dachau gesperrt. Zwar gelang ihm 1939 die Flucht von dort nach Amsterdam, er wurde aber 1943 erneut verhaftet und nach Auschwitz deportiert. Dort wurden er, seine Frau und zwei Söhne ermordet. Nach Dr. Simons wurde in Deutz zwischen dem alten Deutzer Friedhof und dem Rhein eine Straße benannt.

Sowohl die Synagoge als auch die Religionsschule wurden beim Pogrom der Nationalsozialisten am 9. November 1938 verwüstet. Dabei wurden sie zwar schwer beschädigt, das Gebäude selbst wurde aber nicht zerstört. Im stark veränderten Nachkriegsbau befindet sich heute die Deutzer Polizeiwache; neben ihrem Eingang ist eine Schrifttafel angebracht.

Im Jahr 1915 wurde anlässlich / des Brückenbaues die nach dem / großen Eisgang des Jahres / 1786 an der Freiheit wieder / aufgebaute Deutzer Synagoge / an diese Stelle verlegt. / Am 9.11.1938 wurde die / Synagoge ebenso wie / die mit ihr verbundene / Religionsschule zerstört.

Am **9 Gotenring 7** war bis zur Mitte der dreißiger Jahre eine Mehlgroßhandlung angesiedelt, danach hatten einige Deutzer Ortsgruppen der NSDAP hier ihre Geschäftsstellen untergebracht. Vermutlich wurden dann in den Jahren 1943/44 die Ortsgruppen zusammengefaßt, um die Kräfte beim Luftschutz und bei der Brandbekämpfung nach den Luftangriffen zu bündeln.

GESCHÄFTSSTELLEN DER NSDAP-ORTSGRUPPEN AUF DEM GEBIET DER TOUR 5:

Alsenstraße 10:
Ortsgruppe Deutz-Mitte *(ab Juni 1934);*
Ortsgruppe Deutz-Tirpitz *(1938/39);*
Ortsgruppe Deutz-Nord *(1934/35 – 1936/37)*
Arnoldsstraße 37:
Ortsgruppe Deutz-Altstadt *(1938 – 1943);*
Ortsgruppe Deutz-Mitte *(ab 1. Nov. 1937)*
Constantinstraße 78:
Ortsgruppe Deutz-Nord *(ab Oktober 1933)*
Deutzer Freiheit 67:
Ortsgruppe Deutz-Mitte (1933/34)
Gotenring 7:
Ortsgruppe Deutz *(1945);*
Ortsgruppe Deutz-Hängebrücke *(1938/39 – 1943);*
Ortsgruppe Deutz-Neustadt *(1938/39 – 1943)*
Helenenwallstraße 10:
Ortsgruppe Deutz-Mitte *(bis 31. Okt. 1937)*
Helenwallstraße 13:
Ortsgruppe Deutz-Tirpitz *(März 1939 – 1943)*
Lenneper Straße 7:
Ortsgruppe Deutz-Messe *(1938/39 – 1943)*
Lorenzstraße 25:
Ortsgruppe Deutz Dietrich-Eckhart-Platz *(1938/39 – 1943);*
Ortsgruppe Deutz-Süd *(1936/37)*
Ortsgruppe Deutz/Poll *(Juli 1935 – 1935/36)*
Luisenstraße 2a:
Ortsgruppe Deutz-Süd *(ab Oktober 1933)*
Ortsgruppe Deutz-Poll *(1934/35)*
Neuhöfferstraße 27/29:
Ortsgruppe Tirpitz *(1945)*

[→*Vgl. S. 115–117*]

Am Ende der Eumeniusstraße, die etwas unvermittelt am Autobahnzubringer aufhört, hat man einen guten Blick das frühere **10 Deutzer Druckhaus**. Heute befindet sich in dem markanten Backsteinbau eine Versicherung, dahinter sieht man den eindrucksvollen Kuppelbau der neuen KölnArena.

Das Druckhaus war 1930/31 nach Plänen des Kölner Architekten Hans Hagelücken für die »Rheinische Zeitung« gebaut worden. Hier waren außer der Druckerei auch die Redaktion und der Verlag dieser größten sozialdemokratischen Zeitung Westdeutschlands vereint. Das Haus wurde nach August Bebel benannt, dem Begründer der deutschen Sozialdemokratie, der im Jahr 1840 in Deutz geboren wurde.

Das ehemalige
Druckhaus Deutz

Die »Rheinische Zeitung« RZ war 1892 nach der Aufhebung der Sozialistengesetze gegründet worden. Mit ihrem Namen knüpfte sie bewußt an die Tradition der »Rheinischen Zeitung« von 1842/43 und der »Neuen Rheinischen Zeitung« von 1848 an, die unter der Führung von Karl Marx eine radikale demokratische Haltung vertreten hatte.

Das neue Haus der RZ drückte 1931 in seiner Größe das Selbstbewußtsein der starken sozialistischen Presse aus. Schon Anfang 1933, unmittelbar nach Hitlers »Machtergreifung«, mußte die Zeitung jedoch ihre Arbeit einstellen. Am 6. Februar wurde sie mit einem vorläufigen Verbot belegt, am 28. Februar 1933, noch vor der Reichstagswahl vom März 1933, wurde ihre letzte Ausgabe von der Polizei beschlagnahmt und das Blatt endgültig verboten. Als konkreter Anlaß diente den neuen Machthabern die kritische Berichterstattung der Zeitung über den Reichstagsbrand; das Verbot stand aber im Zu-

sammenhang mit der Unterdrückung der freien und oppositionellen Presse durch die Nationalsozialisten, die bereits unmittelbar nach der Machtübernahme am 31. Januar 1933 begonnen hatte.

Anfang März wurde das Druckhaus in Deutz von SA- und SS-Leuten gestürmt, die auf dem Dach die Hakenkreuzfahne hißten und das ganze Gebäude räumten. In diesen Wochen, in denen in der Stadt die führenden Sozialdemokraten überfallen und verhaftet wurden, wurde auch eine Reihe von Redakteuren, unter ihnen der Chefredakteur Wilhelm Sollmann, festgenommen und zum Teil schwer mißhandelt. [→*Vgl. S. 64*]

Das Haus samt Druckerei wurde schließlich noch im März von den Kölner Nationalsozialisten übernommen, die hier ihren »Westdeutschen Beobachter« verlegten. Dabei wurde es auch äußerlich verändert. Auf den dreistöckigen wuchtigen Turm an der Südwestecke wurde ein zusätzliches Geschoß gesetzt und in die gemauerten Ornamente dieses Stockwerks Hakenkreuzelemente integriert. Die Ziegel dieser Ornamente wurden zwar nach dem Krieg aus dem Relief gebrochen, die NS-Embleme blieben aber zu erkennen. Selbst nach der weiteren Bearbeitung des Mauerreliefs, die die dort jetzt ansässige Versicherung vornehmen ließ, kann man je nach Lichteinfall noch die Hakenkreuze ahnen.

Nach dem Krieg übernahmen die Sozialdemokraten das Verlagshaus wieder und verlegten hier unter anderem den »Vorwärts« und die NRZ. Der Niedergang der sozialdemokratischen Presse führte aber in den achtziger Jahren dazu, daß das Verlagshaus verkauft werden mußte. Seitdem ist das Gebäude Sitz einer Versicherung.

he Zeitung“ ausgeräuchert!

ne über dem von der Polizei geschlossenen Kölner August Bebel-Haus

11. März 1933: Die NS-Zeitung »Westdeutscher Beobachter« triumphiert über die »Rheinische Zeitung«

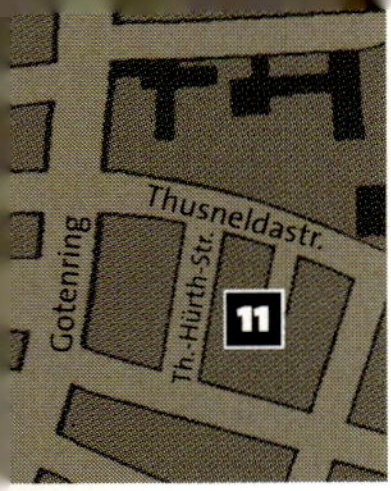

In Richtung Severinsbrücke auf der linken Seite des Gotenrings steht in der Theodor-Hürth-Straße das **11 Deutzer Kolpinghaus**. In der Eingangshalle erinnert die Deutzer Kolpingfamilie mit zwei Gedenktafeln an Theodor Hürth und Theodor Babilon. [→*Vgl. S. 14/15*]

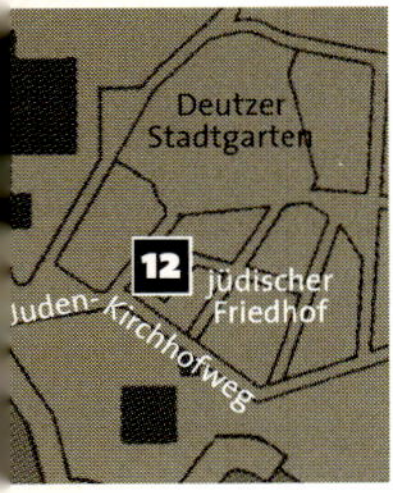

Msgr. Theodor Hürth / Generalpräses des Kolpingwerkes / geb. 1877 in Aachen – gest. 1944 / bei einem Luftangriff in Köln

Theodor Babilon / Geschäftsführer Kolpinghaus Köln / Mitglied der Kolpingfamilie / Köln-Deutz St. Heribert / geb. 1899 in Köln / gest. 1945 Konzentrationslager Ohrdruf

Auch nach Theodor Babilon ist in Deutz eine kleine Straße benannt worden, die gegenüber von St. Heribert von der Deutzer Freiheit abzweigt.

Antisemitismus in Köln: traurige Realität bis heute

Einen ganz anderen, aktuellen Einblick in das braune Köln bekommt man am Abschluß des Deutzer Weges. Er führt zum alten **12 jüdischen Friedhof**, zu dem man über eine Fußgängerbrücke am Ende der Suevenstraße gelangt. Nach dem Weg durch eine kleine Grünanlage steht man vor dem allerdings meist geschlossenen Friedhof.

Hier wurden seit dem 18. Jahrhundert die Toten der jüdischen Gemeinde beerdigt; der Vater von Jacques Offenbach ist hier begraben, und die Familie Oppenheim hatte hier eine Grabstätte. Moses Hess, Mitbegründer der »Rheinischen Zeitung«, Freund von Karl Marx und Ferdinand Lassalle und bedeutender Vertreter eines sozialistischen Zionismus, fand hier ebenfalls seine letzte Ruhestätte. Heute befindet sich auf dem Friedhof allerdings nur noch sein Grabstein: 1961 wurden seine sterblichen Überreste nach Israel überführt. Nach der jüdischen Tradition werden die Gräber nicht wie Gärten gepflegt, sondern bleiben weitgehend der Natur überlassen. Die Aufmerksamkeit der Nachfahren drückt sich vor allem in kleinen Steinen aus, die sie auf die Grabplatten legen.

In der Zeit des Nationalsozialismus wurde der Friedhof nicht zerstört. Nach dem Krieg waren die Grabstätten allerdings mehrfach das Ziel von Grabschändern, die die Steinplatten umwarfen oder zerstörten. In der Nacht vom 29. auf den 30. September 1983 etwa wurden insgesamt 63 Gräber zerstört. Das Datum dieser Gewalttat scheint kein Zufall gewesen zu sein, fand sie doch gerade am letzten Tag des jüdischen Laubhüttenfests statt. Aber selbst wenn das Datum reiner Zufall war, wird man solche Taten kaum als einen dummen Streich von Halbstarken betrachten können. Der aggressive Antisemitismus tritt hier zu deutlich zutage – der Schoß ist fruchtbar noch …

30. September 1983: Zerstörte Grabsteine **auf dem jüdischen Friedhof**

Personenverzeichnis

Personenverzeichnis

Straßen-
verzeichnis

Straßen-verzeichnis

Straßen-
verzeichnis

Sachregister

Sachregister

Bildnachweis

Michael Wiesehöfer / Florian Schwinge: *10, 12, 13, 16, 17, 18, 19, 21, 22, 23, 26, 29, 30, 35, 37, 40, 45, 47, 50, 56, 58, 63, 64, 67, 68, 69, 71, 72, 74/75, 85, 86, 88, 91, 92, 99, 100, 112, 115, 121, 122, 130, 136, 138*

NS-Dokumentationszentrum der Stadt Köln: *9, 25, 27, 31, 43, 52, 53, 55, 62, 64, 77, 91, 109, 132, 133*

Historisches Archiv der Stadt Köln: *10, 27, 29, 49, 51, 76, 78, 105, 125, 126*

Rheinisches Bildarchiv: *6, 8, 16, 17, 20, 30, 39, 43, 48, 55, 58, 59, 60, 66, 73, 74/75, 89, 94, 96, 101, 103, 106, 107, 110, 112, 113, 128, 132, 135, 136*

Rheinisches Amt für Denkmalpflege: *22/23*

Jean Jülich: *82, 83*

Fritz Theilen: *83*

Jona Hatsor, Tel Aviv (aus: Dieter Corbach, Jawne zu Köln – Zur Geschichte des ersten jüdischen Gymnasiums im Rheinland und zum Gedächtnis an Erich Klibansky, Scriba-Verlag): *19*

Sammlung Corbach (aus: Dieter Corbach, Jawne zu Köln – Zur Geschichte des ersten jüdischen Gymnasiums im Rheinland und zum Gedächtnis an Erich Klibansky, Scriba-Verlag): *66*

Archiv des Kolpingwerkes: *14, 15*

Archiv der Norddeutschen Provinz SJ: *32*

Edith-Stein-Archiv im Kölner Karmelitinnenkloster: *93*

Prälat Helmut Moll: *33, 87, 129*

Initiative »Öffentlichkeit gegen Gewalt« e.V., Stadtteilgruppe Südstadt: *79*

Helga Eitz: *124*

Hansherbert Wirtz: *141*

Sammlung Harald Jahnen: *34, 35, 42*

Sammlung Klemens Kurz: *131*

Allgemeine Ortskrankenkasse Köln: *105*

Privatbesitz: *115, 118, 120*

Repro »Westdeutscher Beobachter«: *8, 21, 46, 70, 71, 75, 80, 84, 106, 135, 138/139*

Michael Alfred Kanther: Finanzverwaltung zwischen Staat und Gesellschaft. Die Geschichte der Oberfinanzdirektion Köln und ihrer Vorgängerbehörden *1824–1992*, Köln Greven Verlag *1993*: *108*

Stefan Pohl / Georg Mölich: Das rechtsrheinische Köln. Seine Geschichte von der Antike bis zur Gegenwart, Köln Wienand Verlag *1994*: *134*

Ausschnitte und Vergrößerung des Stadtplans *1:15000*, vervielfältigt mit Genehmigung der Stadt Köln, Amt für Liegenschaften, Vermessung und Kataster vom *14.6.1999*, Kontrollnummer *299*

Versteckte Vergangenheit
Über den Umgang mit der NS-Zeit in Köln
Aufsätze und Essays
Herausgegeben von
Horst Matzerath, Harald Buhlan und Barbara Becker-Jàkli
Schriften des NS-Dokumentationszentrums der Stadt Köln. Bd. 1
Gebunden, Fadenheftung, 53 Abbildungen, 340 Seiten
ISBN 3-924491-51-8, DM 39,80

Fotografieren verboten!
Heimliche Aufnahmen von der Zerstörung Kölns
Herausgegeben von
Thomas Deres und Martin Rüther
Schriften des NS-Dokumentationszentrums der Stadt Köln. Bd. 2
Gebunden, Fadenheftung, 224 Abbildungen, 252 Seiten,
ISBN 3-924491-55-0, DM 36,–

Karola Fings

Messelager Köln

Ein KZ-Außenlager im Zentrum der Stadt

Schriften des NS-Dokumentationszentrums der Stadt Köln. Bd. 3

Gebunden, Fadenheftung, Zahlreiche Abbildungen und Tabellen, 283 Seiten, ISBN 3-924491-78-X, DM 39,80

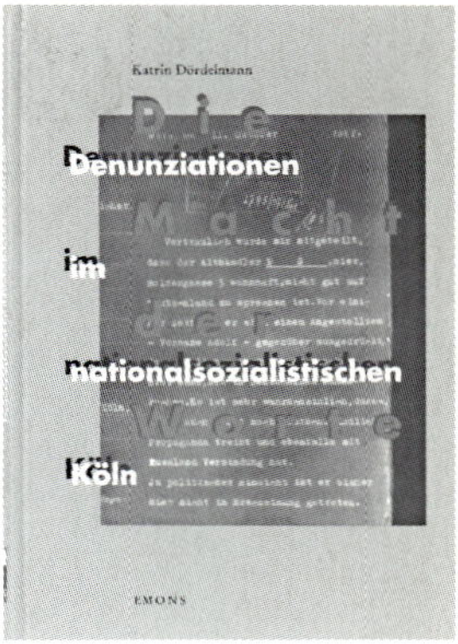

Katrin Dördelmann

Die Macht der Worte

Denunziationen im nationalsozialistischen Köln

Schriften des NS-Dokumentationszentrum der Stadt Köln, Band 4

Gebunden, Fadenheftung, 209 Seiten, ISBN 3-924491-15-1, DM 36,–

Architektur der 30er und 40er Jahre in Köln

Materialien zur Baugeschichte im Nationalsozialismus

Herausgegeben von Hiltrud Kier, Karen Liesenfeld und Horst Matzerath

Mit Beiträgen von Kristin Ruschepaul und Regine Schlungbaum-Stehr

Schriften des NS-Dokumentationszentrums der Stadt Köln, Band 5

Gebunden, Fadenheftung, 272 Abbildungen, 544 Seiten, ISBN 3-89705-103-6, DM 45,–